PREGÚNTALE A SEBASTIÀN

"Eschucha los pájaros, obsérvalos volar, en su vuelo está mi espíritu y en sus alas mi libertad."

ADRIANA RAMOS

Copyright © 2018 Adriana Ramos
All rights reserved.
ISBN: 1732364508
ISBN-13: 978-1732364509

Dedicación

Dedico este libro a todo aquel que pierde su camino por falta de fe.

Cuando un ser que amamos deja su cuerpo físico, se eleva, libera y es.

La muerte es tan grande como el nacimiento, los dos vienen de Dios.

El plan es divino, su base el amor. Dios vela por nosotros, sus amados hijos. Tu vida continua en la tierra, la del ser que amas, en el cielo.

El tiempo no es distancia, la falta de amor si lo es. No hay pena en el amor, solo esperanza de volar y ser juntos en el reino de Dios.

Vive tu vida con alegría, para eso se te dio. Tu ser que físicamente ya no está contigo, está en tu corazón. No hay prisa ni demora, el plan es perfecto. Lo que conocemos como vida y muerte vienen de Dios y a él han de volver. Juntos en los vastos cielos celebrando la resurrección.

Dios es amor y eso es todo.

Tabla de Contenido

Agradecimientos	i
Prefacio	ii
Introducción	iv
El arte de escribir a nivel espiritual	xii
Pregúntale a Sebastián - Diálogos	1
Buscándolo por medio de la meditación	7
Nunca sola, me tienes contigo pero sigues sin verme	11
Un adiós para papá	17
Si soy amor no puedo ser dolor	34
Comparto nuestros escritos Sebastián?	52
Soy alma libre, espíritu, libertad. Que mas desearías darle a tu hijo?	55
Eres libre de amarme o de llorarme - Elije y recuerda quien soy yo	60
Soy las palabras, no el papel	74
Sigo siendo un regalo no te lo han quitado, te lo cambiaron por uno más grande y ese no cabe ya en tu vientre sino en tu corazón	95
Tu cuerpo es una creación perfecta siempre avisando que falta fe	98
Mi muerte es un plan divino, perfecto como una telaraña de hilos de oro que resplandece con el sol. Perfecto, eterno sin errores, armonía total.	104
Cuál es mi misión?	112
El miedo te hace vulnerable la fe formidable	118
Oración. Te entrego toda mi vida, tu sabes lo que añoro y lo que debo de obtener: Oración para todos	123
Todo Cambió	143

Nunca te dejé, crecí. Volé hasta el infinito envuelto en su manto divino que es como Dios sabía que yo podía volar	145
Naturaleza: Huracán Irma	152
Mi espíritu anhela tu recuperación de lo que consideras pérdida. Tu hijo es libre como el viento, no tiene cadenas, solo es!	163
Verás la luz pura y divina y sabrás que soy tu espíritu	165
Gracias Dios? Te bendijo con mi presencia y te ilumina con el amor en mi ausencia	178
No soy tu dolor soy tu bendición	184
Soy tu hijo engendrado en tu alma, tu conexión mas cercana al propio Dios	186
Se, ten fe que la vida es tu obsequio y no tu condena	190
No volveré porque si soy espíritu para que necesito cuerpo	194
Un año después de su partida	201
Angeles guardianes	204
Tu sabiduría será para beneficio de muchos e insensatez para otros	214
Fluye con las aguas del manantial y verás que no existe pena ni Dolor	222
Fui tuyo ahora en ti, fortificándote para que pronto vueles y sepas lo que es libertad	232
Dale su bocado para su sobrevivencia y dale luz para su vida: Oración para un hijo	234
Gratitud	239
Gracias Dios	241
Despedida	241
Mensaje de Sebastián para el amigo lector: "Vivir es reír, morir es no ser".	243
Photos	245

Agradecimientos

Sebastián, mi bello vínculo celestial, te agradezco por tu amor puro y benigno. Este libro hecho para ti y por ti. Gracias por estar engendrado en mi corazón. Somos uno y así lo somos todo.

A mis cuatro hermanas: Gloria, por ayudarme a ver la belleza del mundo espiritual, por ser mi guía y maestra; Stella por amarme de verdad, sin apego ni egoísmo, siempre deseando y queriendo darme todo; Myriam, por su deseo de dar y ayudar incondicionalmente. Siempre lista para extender su mano y prestar su hombro a quien lo necesite; Lucero, por mantener el recuerdo vivo de Sebastián, inundándonos con sus fotos y recuerdos. A mi compañero de la vida, mi adorado esposo, por creer en mi y dejarse guiar en el amor a través de las palabras de Sebastián mientras recibe alivio para su alma doliente. A mis dos tesoros, Nicholas y Esteban quienes con su amor y ternura alivian el vacío que dejó su hermano en cada uno de nuestros corazones. A mi sobrina Natalia, quién adora a su primo "Osín" y lo recuerda y lleva siempre en su corazón. A Esperanza, la madre de mi amiga Evelyn, quién ofrece siempre palabras de aliento desde el momento en que Sebi desapareció, hasta el día de hoy. A Joey, quien regresó a nuestro hogar cuando Sebastián partió, brindándonos, amor y reconciliación. A mi amiga y socia, Rebecca, con quien trabajo mas de diez horas diarias en medio de risas y ambiente de creatividad. Su talento artístico y dedicación hicieron posible la elaboración de este libro.

Gracias al verdadero amor, el que es libre, puro e incondicional.

PREFACIO

Vivir y morir es tan solo un proceso natural de evolución. Todo lo que nace ha de morir. Así lo es, ha sido y lo será. Nada se puede cambiar, excepto nuestro comportamiento hacia esa realidad. Amamos a nuestros padres, hijos, amigos, mascotas y cuando estos mueren, o dejan su cuerpo físico, nos deprimimos y nos enojamos con Dios. Acaso no sabemos que nuestra misión en la tierra tiene un final? Es obvio que en la tierra no estamos eternamente, por qué sufrir? Porque así lo elegimos!

El misterio más grande en la vida es la muerte. Es este el final o más bien el principio de una evolución espiritual? El espíritu se libera del cuerpo y recupera su esencia. La experiencia física termina y el espíritu vive. Somos aves de paso con una misión espiritual. Cada ave es diferente pero todas relacionadas unas con otras por medio de un plan divino. Existimos en la tierra pero vivimos si encontramos el amor. El amor es la realidad, el resto es fantasía.

Cuando un ser querido deja la tierra para volver a su esencia, los que quedamos en tierra nos sentimos destruidos, desesperanzados y con un dolor en las entrañas que apenas nos deja respirar. Es para nosotros la tragedia mas grande por vivir. Nos duele el alma, nuestra existencia se hace miserable, insoportable y la vida pierde sentido. Será posible evitar ese sufrimiento si amamos como Dios manda, sin egoísmo y con fe? Es posible sentir el verdadero amor y liberarnos para dar un adiós a nuestros seres queridos, sabiendo que pronto nuestros espíritus se liberarán y juntos lo seremos todo?

En el momento que mi hijo dejó su cuerpo físico y volvió a su esencia, yo fui quien murió. El se fue al cielo y yo quedé en tierra pues aún tengo que cumplir mi misión. Su ausencia me consumía, o más bien mi egoísmo me quitaba la vida.

"Mami, soy felicidad, este es mi mundo, mi día y mi noche. Soy luz en la oscuridad y la oscuridad es paz. La paz es esencial, lo demás es desechable. Soy eternidad – la estrella y el sol, soy espacio infinito, no tengo barreras. Liberé mi espíritu igual que el ave que sabe que sabe volar. Extiendo mis alas y mi espíritu se transporta en el universo. Brillo más que el sol y alumbro como la luna, soy todo –lo que ves y lo que no. Qué más quiere una madre para su hijo? Puedes ofrecerme algo mejor?"

Existe un mundo espiritual por medio del cual nuestras almas se conectan. Si es espiritual, no hay distancia entre el cielo y la tierra, el espíritu lo es todo y la comunicación es de corazón a corazón. Sebastián me enseñó a amar y sigue haciéndolo cada minuto de mi vida. Creo en nuestra relación espiritual, pero podré algún día ser 'YO' y liberarme para ser feliz?

La conexión entre el espíritu de mi hijo Sebastián y el mío existe y yo la solidifico por medio de la escritura. Siempre pido cosas palpables y hasta eso se me dio; un libro escrito a nivel espiritual porque Sebastián vive, su espíritu es mi guía y su instrumento es el amor.

INTRODUCCIÓN

Desde el cielo me dice

"El amor ha de triunfar, tu fe es libertad, cree en mi totalidad. Somos aves de paso, nunca pares de volar, extiende tus alas, disfruta tu libertad. Veintiún años son vida y vida es vivir. El tiempo no cuenta, porqué viví el plan divino, lo terminé y volví a casa. A mi madre la dejé en manos del señor. Yo alumbro su camino y le ofrezco liberación. Soy tu hijo quien está engendrado en tu alma, tu conexión mas cercana al propio Dios".

Pregúntale a Sebastián

Desde muy corta edad tenía bien claro lo que debía de hacer. Era obvio que el ideal era el de ser una niña buena, crecer, ir a la escuela, casarme y formar un bello hogar. No decepcioné a nadie, eso fue exactamente lo que hice. Fui siempre responsable y me dediqué a ser una buena hija, madre, esposa, amiga y hermana. Aún así algo faltaba en mi y era 'yo'. Mi esencia, mi propio ser estaba cubierto por capas de requerimientos familiares y sociales. Satisfice los ideales de la sociedad y aún así me sentía incompleta. Tenía una familia maravillosa, un buen esposo y tres hijos fabulosos; pero algo me faltaba y se notaba. Entre tanto corre corre en la vida me olvidé de mi. Mis hijos fueron siempre mi prioridad (sin esfuerzo, es natural), también lo fue mi madre, hermanas, esposo, el trabajo y las muchas responsabilidades de una madre/mujer. Me sentí responsable e intenté dar lo mejor de mi, lo único negativo es que me olvidé de la persona mas importante para todo ser humano, su propio ser.

Mi familia es mi bendición, amo a todos y cada uno de sus miembros pero los amé mas a ellos que a mi misma; me puse siempre en último lugar. Me convertí en una 'super woman', rápida, eficaz y hasta bien programada y cronometrada. Pude atender mil responsabilidades a la misma vez, pero no me atendí a mi misma. Viví siempre de afanes, corriéndole al tiempo, estando en varios lugares a la misma vez. Pasaron años y a pesar de tener una familia formidable, me sentía incompleta.

Mi hermana mayor, Gloria, siempre me observaba y notaba mi estilo de vida. Se dio cuenta que no paraba un segundo, ni para pensar. Varias veces me decía: "Be present to the moment, lil sis," (está presente en el momento, hermanita) con su voz apacible y suave. Poco a poco mi adorada hermana, me fue presentando un mundo nuevo y muy ajeno a mi. Un mundo donde hay espacio y tiempo para meditar y sentir. Me trató de enseñar a estar presente en el momento y a buscar la paz. Sonaba absurdo; como iba yo a tener tiempo para meditar si tenía tres niños pequeños un marido y un trabajo de tiempo completo como profesora? En el momento no lo veía posible, tenía muchas obligaciones que cumplir y darme el lujo de meditar por 10 minutos, imposible! No solo por la carencia de tiempo sino la incapacidad de detener mi mente y relajarme.

Aún así, tome su consejo y empecé a leer libros sobre relajación, meditación, Feng Shui, encuentros con mi propio ser, curación física a través de la mente, los ángeles, el poder de la mente, etc. Fascinantes fueron cada uno de ellos y uno a uno fueron enriqueciendo mi vida. Aprendí a hacer regresiones (volver al pasado); con el libro "Past Lives Future Healing" de la psíquica Sylvia Browne, aprendí a comunicarme con mi propio ser por medio de la escritura, con el libro "Recovery of Your Inner Child de Lucia Capacchione, Ph.D, curé mi páncreas después de ver mi interior, gracias al libro 'The Journey" de Brandon Bays. Además comencé a pensar en forma positiva, después de leer "El Secreto" de Rhonda Byrne y su siguiente libro "El Poder." Alimenté mi energía con "Los Millonarios de la Biblia" de Catherine Ponder. Establecí contacto con mis ángeles Aurorita y Esperanza después de leer "Los Ángeles", de Sylvia Browne, y reforcé mis creencias aplicando el conocimiento obtenido del libro 'Los Cuatro Acuerdos' del Dr. Miguel Ruiz.

Quién iba a pensar que esos libros y esas enseñanzas serían mi tabla de salvación varios años después cuando mi hijo partió para siempre y volvió a su verdadero hogar?

Abandono y dolor

A pocos días de la partida de Sebastián, llegó el silencio amargo. El dolor de perder a mi hijo empezó a penetrar aún más en mis entrañas. Cesaron las condolencias, cartas, invitaciones, llamadas, visitas y la solidaridad de familiares y amigos que nos acompañaron desde que ocurrió el accidente automovilístico en el cual mi hijo y su amigo Josh, perdieron sus vidas. Muchos fueron los que sintieron en sus corazones la ausencia de estos dos jóvenes. Familia, amigos, compañeros y otros regresaron a sus casas con tristeza en sus corazones. Continuaron sus vidas, después de dar el último adiós a los muchachos.

Mi hogar cambió. El silencio era insoportable y doloroso. Me parecía oír a cada instante a mi hijo preguntándome si había visto sus llaves, billetera, gafas, dinero, zapatos, etc. Pero ya esas preguntas no me serían formuladas. Su cuarto tenía su olor, su ropa, toda la casa era Sebastián. El la llenaba y ahora la había dejado totalmente vacía. El dolor era insoportable, me dolían las entrañas y no podía hacer nada. Mi hermoso hijo se fue para nunca mas volver.

Y cómo pretende Dios que yo siga viviendo con esta pena? Cómo puede El quitarle a una madre a su hijo y esperar que ella siga adelante? Yo no puedo, hasta aquí llegué yo!

Por qué me abandonaste Sebi? Me dejaste sola! Me quitaste la **vida** y me dejaste **viva**. Puedes hacer tal cosa? Y yo? Estoy supuesta a vivir así? No, no se puede, no puedo. Y lloré por horas, días, semanas, meses, años y hoy también.

De regreso al cielo

En medio de tanto dolor yo sabía que mi Sebi estaba bien. Que había vuelto al cielo y allí era donde él pertenecía. Un ser tan noble, dulce y vulnerable no tenía cabida en este mundo egoísta y materialista. Sentimientos tan dignos y puros muchas veces no son vistos como atributos admirables sino como debilidad. Sebi, como muchos le decían, no tenía ni una gota de maldad. Encontró siempre lo bonito en lo que otros consideraban feo. Excusaba las acciones no nobles de otros diciendo que quizás actuaban así por problemas o por tener un mal día. Admiré sus respuestas pero me preocupaban. Se estaba criando sin defensas ante un mundo cruel. Esa fue quizás nuestra mas grande bendición pero también preocupación. Adorábamos a Sebi por quien era, un ser de bondad. Pero nos preocupaba mucho. No parecía tener los pies sobre la tierra. Siempre fue distraído y desorganizado, parecía siempre estar en su propio mundo. Su familia, a la que tanto amo, siempre fue su contacto con la tierra, el no era de acá.

Fue querido por muchos y lo amaron de verdad. Entendieron su bondad y lo quisieron, sin quererlo cambiar. Desafortunadamente mi esposo y yo si tratamos de cambiar a Sebi. Quisimos hacerlo fuerte y obviamente que se supiera defender. Su padre lo inscribió en clases de Karate, Taekwondo y le enseñó a pelear, pero a Sebastián no le interesó; eso para el era absurdo. No solo sus movimientos eran descoordinados pero no le interesaba en lo mas mínimo pelear. Asistió a las clases y cumplió con todo, pero creo que no aprendió nada. A Sebastián siempre lo vimos vulnerable pero en realidad era noble. Lo vimos indefenso pero tenía protección divina. Lo quisimos cambiar, y hacerle reconocer que en este mundo hay que ser fuerte de lo contrario se pierde, pero no le interesó. No hubo manera de hacerle ver con malicia los actos de los demás, él simplemente estuvo aquí para llenar nuestras vidas de amor. Su misión de amor la cumplió. Sebastián no llegó a perder su nobleza y bondad, pero ya le era difícil mantenerse así. Empezó a conocer o reconocer sentimientos ajenos a él y no le gustó. Entonces se fue, regresó a su hogar pues no quería perder sus alas.

Sabiendo que desde el cielo me hablaba Sebastián, le pregunté: "Sebi, me muero, me duele mucho tu ausencia. Cuando cesará este dolor?"

"Cuando entiendas que nunca me fui".

Mi trío maravilloso

Conocí a mi esposo en New Jersey y a menos de seis meses de conocernos decidimos casarnos. Tuvimos una ceremonia íntima en este estado, mismo lugar donde se casaron mis tres hermanas mayores. Cursaba yo el primer semestre de Universidad cuando nuestro primer hijo Nicholas nació. Un niño hermoso, de ojos grandes, vivaz y perfectamente saludable. Fue la alegría para padres, tíos y abuelos, una bendición de Dios. Continué con mis estudios gracias a la ayuda de mi madre y mis dos hermanas mayores quienes cuidaron de Nick mientras yo estudiaba y trabajaba en la universidad. Al año y ocho meses nació nuestro segundo hijo, Sebastián. Otro ser perfecto, regordete y dormilón. Sebastián dormía día y noche, era necesario despertarlo para que comiera. Demoró mas de dos meses en abrir los ojos, siempre estaba en un sueño profundo. Abuelita y tías acogieron al nuevo bebé mientras yo seguía con mis estudios universitarios. Nick y Sebi siempre estuvieron rodeados por familia. Hermanas, tías y tíos, mi madre y primos cuidaban de los 'bebés de la familia' con gusto y mucho amor. Estaba ya en mi último semestre de la universidad y entonces nació Esteban. Otro hermoso niño saludable de mejillas sonrosadas y bellos ojos verdes. Y así y sin planearlo, complete mi trío maravilloso. Mi orgullo, mi dicha, mi vida entera.

Los primeros años de sus vidas transcurrieron rodeados por toda nuestra familia. Para mi madre eran su adoración y para los demás, 'los niños mimados de la familia'. Sus vidas transcurrieron en armonía y eran felices. Los tres excelentes estudiantes, amantes de los libros y del juego entre ellos. Nuestro hogar era dedicado a ellos. No teníamos comedor sino cuarto de juegos, no decoraciones sino almohadas y cojines. Hasta la casa de la abuelita era arreglada y acondicionada con juguetes y sin mesas, para cuando viniera 'el trio de Adriana'. Los tres correteaban por la casa de 'abuelita' donde hacían lo que querían. 'Abuelita' les preparaba siempre su comida favorita y les permitía que revolcaran toda su casa, sacando sábanas y cobijas construyendo tiendas de acampar en medio de la sala.

Los tres jugaban y cada cual asumía su responsabilidad dentro de la familia. Nick, siendo el mayor, se sentía responsable y daba siempre órdenes a sus hermanos, Sebi, el del medio, fue siempre el protegido y olvidadizo por el cual todos nos sentíamos responsables. En especial su hermanito menor, Esteban, quien siempre le recordaba de traer sus libros y sobretodo de apurarlo para que no lo dejara el bus del colegio. Siempre cuidó de él asegurándose de que no se quedara atrás o que quizás se perdiera mientras caminábamos. Fue su protector, su ángel guardián.

Sebastián

Sebastián, el segundo de mis hijos, se caracterizó siempre por ser tierno, distraído, lento y apacible. Nunca tuvo afán de nada; podía demorar hasta una hora comiendo pizza, la masticaba lentamente, sin importarle nada más que comer su pedazo de pizza. Sebi (como le llamábamos de cariño) tenía gran fascinación por la historia. A la edad de seis años sabía los nombres de todos los presidentes de Estados Unidos y el de sus esposas; fecha en la cual gobernaron, fecha de nacimiento y como murieron. En la escuela le iba muy bien, fue catalogado 'talentoso y prodigioso', aunque nunca le alcanzó el tiempo para terminar un examen o uno de los tantos proyectos que empezó y que nunca terminó. Creativo e inteligente, talentoso y amoroso, ese era mi Sebastián, amado por muchos e idolatrado por mi.

Siempre bohemio, melancólico y con muchos talentos, Sebastián no ponía atención y dejaba pasar el tiempo, jugaba por horas y él pensaba que eran minutos. Desde pequeño, dibujaba o jugaba con el mismo juguete por largo rato. Así creció, siempre ignorando el tiempo mientras cumplía con todos los requisitos impuestos por la sociedad. Hizo todo lo que debía hacer y lo hizo bien. Fue buen estudiante, hizo todas sus tareas, cumplió con lo suyo, aunque eso no lo hacía feliz. Disfrutaba dibujando grafitis y caricaturas, además escribía unas composiciones fenomenales.

La música fue su más grande pasión. Empezó a tocar guitarra desde los 10 años y desde entonces, junto con su hermano Nicholas, se dedicaron a tocar música de los años sesenta y setentas, en restaurantes, fiestas y sitios familiares. Le fascinaba cantar y dijo querer ser famoso. Aprendía todas las letras de las canciones en minutos y luego las recitaba con su bella voz. Siguió con su música, y recorría el suroeste de Florida cantando, con su hermano Nick. Mis bellos hijos crecieron y pronto empezaron sus carreras universitarias, las cuales se costearon por medio de la música y becas estudiantiles. Crearon un dúo musical y tuvieron una gran acogida en restaurantes, clubes y diversos eventos sociales. El dúo cantaba y encantaba a quienes los escuchaban. Nick con su guitarra y Sebastián con su bella voz siempre eran invitados a eventos sociales, pronto fueron reconocidos como uno de los mejores grupos musicales en el suroeste de Florida. En Septiembre del 2017 grabaron su primer video musical, creado, editado y organizado por Sebastián. El, de manera armoniosa, logró envolvernos a todos en este video y dio a cada uno de sus 'cómplices' un trabajo por hacer. Músicos, amigos, familia y hasta desconocidos se unieron a llevar su proyecto a cabo, hacer un video de su canción/creación: "Ignore it."

Este año trajo consigo muchos más acontecimientos. Nick se graduó de la universidad; Sebastián estaba terminando el cuarto semestre y buscaba otra universidad y cambiar de carrera; Esteban terminaba el último año de bachillerato; Nick y Sebi se dedicaban a la música y recién habían filmado su video y fue sensacional.

Todo era como debía ser, armonioso perfecto. Mis hermosos bebés crecieron y se hicieron hombres de bien. Orgullosa como siempre de mis hijos, no hacía más que alabar sus hazañas, sus logros y virtudes. Mis dos músicos estaban triunfando en el campo de la música, Esteban se alistaba para la universidad, con becas y honores. Mi vida era perfecta, que más podía pedir yo? No me atreví nunca a quejarme de nada, pues estaba muy agradecida por haber tenido unos padres buenos, unas hermanas fenomenales, un esposo maravilloso y unos hijos admirables, además de gozar todos de buena salud. Mi trío, mi adoración, un regalo de Dios. Gracias Dios por mis regalos, por qué me quitaste uno?

De temor a dolor

Estaba yo en la ciudad de New Jersey visitando a mis hermanas cuando mi esposo llamó a decirme que Sebastián iba a un concierto en Miami. No me gustó la idea en absoluto. Sebastián no era un buen conductor y conducir en Miami no era tan fácil como lo era en Naples. Se lo dije a mi esposo y me dijo que ya no había modo de detenerlo. Sebastián ya con 21 años simplemente lo decidió y solo nos lo hizo saber.

Mi Sebi no estaba en casa con su padre y hermanos y eso me angustiaba. Lo llamé varias veces y le envié textos pero a ninguno respondió. Inquieta me fui a dormir e intenté convencerme de que todo estaba bien, pero no logré engañarme. Muy temprano en la mañana del siguiente día llamé a Esteban y le pregunté si Sebi estaba durmiendo a lo que me contestó: "Nope, el no vino anoche." Sentí que el corazón se salía de mi cuerpo. Sebi siempre nos avisaba si llegaría tarde o si se iba a quedar en casa de un amigo. Marqué cientos de veces a su celular, no hubo respuesta. Llamé a mi esposo y me dijo: "no te preocupes, ya llamará, de pronto está enfiestado o dormido". Sus palabras eran mi tabla de salvación, me afiancé a ellas y y en mis rodillas le rogué a Dios que protegiera a Sebastián.

Tomé el avión de regreso a Florida después de pasar un fabuloso fin de semana con mis dos de mis cuatro hermanas. La angustia de no saber de Sebi me carcomía el estómago. Le pedí a mi esposo que me recibiera en el aeropuerto con Sebi y que le dijera que yo le iba a halar las orejas por preocuparme de esa manera. Las dos horas y media de viaje fueron angustiosas, tenía miedo y esperanza de que todo estaba bien en casa. Aterrizó el avión y tan pronto pudimos usar los celulares llamé a mi esposo y le pregunté si Sebi estaba con él. "No, y tampoco se presentó a cantar," me contestó. Me debilité casi hasta caer en mis rodillas. Sebi nunca faltó a ninguna de sus presentaciones musicales. Algo serio estaba sucediendo. Dónde estás Sebi? Por favor contesta el teléfono! Por favor, rogaba yo. Hicimos llamadas, preguntamos por medio de Facebook, Twitter y todo esa tecnología que usamos a diario, y no hubo respuesta.

Llegó la noche, me parecía ver su carro aparecer a la curva de mi casa. Creía verlo caminar, escuchaba su voz y la puerta del garaje abrirse, lo sentía venir… pero no lo hizo. Llamamos a la policía e hicimos reporte de 'desaparecido'. Las horas pasaban; el dolor, desasosiego, y desespero nos enloquecían. No podía mas, Sebastián no puede llamar o sino lo haría, algo le sucedió, lo sé! Dios por favor, no puedo mas con esta angustia! Mi esposo y yo moríamos en vida, imposible estar en paz. Imaginábamos situaciones dolorosas, y nos enloquecía el no saber de nuestro hijo. Pasaron horas, la noche y el nuevo día; mi hijo no regresó a casa.

Muy temprano en la mañana, sonó el teléfono. Era la madre de mi buena amiga Evelyn y me dijo: "Adriana, salga de la casa y busque a Sebastián, no se quede ahí. Usted no puede vivir así. Vaya, encuentre a su hijo- Que Dios le devuelva a su hijo, vivo o muerto pero que se lo devuelva!"
Sus palabras cayeron sobre mi cabeza como un ladrillo. Caí en mis rodillas y le imploré a Dios: "Por favor devuélveme a mi hijo, yo no puedo vivir con este dolor… dónde está? Devuélvemelo!" le grite con ira.

Ese mismo día a las 10 am, encontraron a Sebastián y su amigo Josh, sumergidos dentro de su carro, en un pantano en Alligator Alley, I-75. El carro fue hallado cuando una pequeña avioneta tuvo problemas mecánicos y la reparaban a solo 20 pies del accidente. Uno de los guardias notó que la malla que separaba la carretera del pantano estaba caída sobre el piso. Caminó hacia la malla y halló el carro de Sebastián que yacía boca arriba en el pantano.

Sebastián y Josh fallecieron el día domingo 13 de noviembre y fueron hallados el martes 15 de noviembre. Mi esposo y yo llegamos al lugar del accidente cuando la grúa se llevaba el carro. Minutos antes la ambulancia se había llevado los cuerpos de mi hijo Sebastián y su amigo Josh.

El arte de escribir a nivel espiritual

Gloria, mi dulce hermana, siempre me heredaba los libros que ella terminaba de leer. Por medio de estas lecturas aprendí a hacer viajes espirituales, meditaciones, autoayudas y a encontrar regocijo espiritual. Uno de los métodos que aprendí por medio de la lectura, fue el de escribir y así encontrar mi propio yo. Lo aprendí mientras leía el libro: "Recovery of Your Inner Child" de Dr. Lucia Capacchione. Es un manual fabuloso que me enseñó a hablar con mi propio 'yo'. Es un proceso tan sencillo que consiste en escribir con la mano derecha una pregunta y luego pasar el lápiz a la mano izquierda para escribir la respuesta. La mano derecha es el 'yo' actual, la izquierda es el otro 'yo'; o sea la niña pequeña débil e inocente. Y este es el primer diálogo que tuve con Adrianita, mi 'yo' cuando era niña.

-Hola Adrianita, como estás?
"Muy enojada contigo"
-Por qué? Yo qué he hecho?
"Eres tonta, no me quieres!"
-Por qué dices eso?
"Porque no te importo, no me quieres!"
-Claro que te quiero eres mi niña adorada.
"Oh si? Por eso me dejas de última? Por eso ni me pones atención? Eres tonta, no te importo, tonta!"
-Sigo sin entender.
"Todos van primero que yo, yo soy la última en todo. No me quieres, me ignoras, no me ves! No me gustasssss!"

Seguí escribiendo por días y me reconcilié con Adrianita. La dejé sola, en realidad todo en el mundo era prioridad excepto 'Yo.' Pasaron los años y dejé de escribir. Seguí con la vida y olvidé la escritura, pero la partida de Sebastián me regresó a ella. Que bendición!

Comunicándome con Sebastián

La muerte de mi hijo robó mi alegría y deseo de vivir. Tanto dolor era insoportable, tenía que buscar alguna manera de aliviar mi pena si no quería perder la razón. Sebi, no me pudo haber dejado, él era parte de mi y aquí tenía que estar. La idea de que ya no existía era ilógica, imposible de aceptar. El era mi vida y al irse se la llevó. Entendí que Sebastián estaba en el cielo pero también estaba aquí conmigo, él no me pudo abandonar, imposible! Tome un lápiz y papel y con mi mano derecha escribí: 'Sebi, me duele tu ausencia, cuando cesará este dolor?'.

Cambié el lápiz a la mano izquierda y Sebastián me contestó: "Cuando entiendas que nunca me fui. Te amo!"

Hoy me comunico con Sebastián. El está en mí; me escribe mensajes sabios y son de amor. No hay manera de que sea yo quien responde a las preguntas (a pesar de que es mi mano la que escribe). No tengo ni la capacidad ni la sabiduría de responder de la manera que él lo hace. A veces quedo atónita con sus respuestas. Son del cielo y yo no estoy allá.

Pregúntale a Sebastián

Adriana: Sebastián, debo escribir un libro sobre nuestra relación. Qué opinas? Puedo ayudar a otros?

Sebastián: Mama usa tu 'don' para eso te fue dado. Reparte amor, el mundo lo necesita. Bendícelo y escríbelo con amor y verás los resultados.

Adriana: Es posible tener este contacto con los que ya no están en la tierra? Soy tan afortunada?

Sebastián: Mom, si existo en tu corazón existo! El corazón habla pocos escuchan. Es tanto el amor en tu corazón por mi que le permites hablar. Tu amor es puro, el sentimiento lo cubres de lodo cuando dudas. Ámame y listo!

Adriana: Pero es una bendición inmensa. Cómo puede ser, cómo puedo ser yo?

Sebastián: Si mama, tienes un don- es tuyo no lo estropees, cree.

Adriana: Creo qué?

Sebastián: Que estoy en tu corazón y te hablo!

Sebastián físicamente ya no está en la tierra pero desde el infinito comparte su sabiduría por medio de nuestros escritos. Sebi es ahora un ser de luz y su amor es infinito. Bendecida me siento al comunicarme con mi hijo después de que regresó al cielo, su verdadero hogar. Sebastián responde a mis preguntas con amor y sabiduría. O quizás solo amor, que lo es todo, por lo tanto sabiduría sería pura añadidura.

Un diario basado en el amor

Comencé a escribirle a Sebi a los ocho días de su partida al cielo. Tomé un lápiz y papel y entablé unos diálogos maravillosos con Sebastián. El me habla de amor y yo de dolor. Insiste en hacerme entender que yo elegí el dolor y que puedo ser feliz si elijo el AMOR.

Los primeros diálogos son sencillos y a medida que sigo conversando con Sebi sus palabras se hacen más profundas y significativas. Cada palabra refleja su personalidad aquí en la tierra. Si es Sebastián quien me escribe, estamos conectados por medio del amor. Cada diálogo es un mensaje de amor para el que lo quiera sentir. Simplemente porque 'vivir es amar'.

Transcribiré entonces los diálogos con Sebastián y no cambiaré sus palabras, pues son perfectas. El escrito es el original, por esa razón encontrarán palabras en los idiomas inglés e italiano. Nos comunicamos con Sebastián en español. Mi esposo y yo nacimos en Colombia y mis tres hijos nacieron en New Jersey. Los tres hablan el inglés como su primera lengua y el español lo aprendieron bien. Sebastián se auto enseñó el idioma Italiano el cual hablaba con gran fluidez. Las oraciones que escribe Sebastián carecen de algunos signos de puntuación (así lo escribe él) y para mantener la originalidad de lo que escribe, solo me atrevo a añadir algunas comas y puntos; con el único objetivo de hacer más claro su mensaje.

A Sebastián lo identifico como Sebi, mi niño, mi ángel, mi corazón y mi Titán. Para él soy: mama, mamita, mom, niña necia, oveja descarriada, rosa en lodo y/o bella flor.

Muchas veces no capto lo que expresa Sebastián y hasta me enojo por no recibir un mensaje claro. Aún así, después de releer lo escrito, no ha habido vez que no quede fascinada con sus respuestas de amor verdadero. Sebastián es el amor y sus palabras son guías espirituales para todos nosotros. Quiere enseñarnos a amar sin ataduras ni egoísmo. Sus palabras son luz y esperanza para el ser humano y aún lo son más para una madre que acaba de perder un hijo. Sebastián existe en mi corazón, nuestra relación es a nivel espiritual. Lo escucho porque lo amo y solo desde el corazón puedo.

PREGÚNTALE A SEBASTIÁN

~A ocho días de su partida, tomé un lápiz y papel y le escribí a él ~

(S: Sebastián – A: Adriana)

A: Mi lindo Sebi, cómo y dónde estás? Nos extrañas como nosotros a ti? Estamos muriendo de tristeza. Por qué no te tenemos?

S: Te amo, te amo, te amo!

A: Que hago sin ti? No es justo, no puedo!

S: Mom, por favor, me tenía que ir.

A: Dónde estás?

S: En lugar especial, pero estoy bien.

A: Estás feliz?

S: En paz, nada duele.

A: Y quieres saber como estoy yo?

S: Lo se mama, lo siento, te amo, pero estarás bien.

A: Bien? sin ti?

S: Crecerás.

A: Dime algo para poder seguir!

S: LOVE-AMOR

A: Te amo y duele mucho!

S: Estás segura?

A: De qué?

S: De que el amor duele - el amor cura!

TU DOLOR NO TE DEJA VERME

~ Sebastián en la frecuencia del amor y yo en la de dolor. Eso nos separa.~

A: Mi Sebi bello, no puedo mas! Estoy loca por comunicarme contigo. Te extraño y quiero estar en la misma frecuencia tuya. Ayúdame!
S: Mama debes crecer, todo es lo que debe ser.
A: Voy por buen camino? O sea puedo superar que te perdí?
S: Mom, solo el físico. Yo existo y te amo.
A: Yo te amo muchísimo, unámonos espiritualmente. Me ayudas?
S: Hum! Tu puedes mami, ya empezaste.
A: Estamos en la misma frecuencia? Yo no se nada!
S: Me escribes, te escribo. Mama, tienes un don!
A: Estamos en comunicación, estaré pendiente de tus mensajes!
S: Míralos, no los ves?
A: No, donde? En mi teléfono? El reloj? El pájaro? La estrella fugaz?
S: Esas fueron solo unas de miles, mama, miles!
A: Te importa comunicarte conmigo?
S: Fuiste mi mamita y yo te adoro.
A: Y yo a ti mi vida. Dame un consejo para superar esta pena, salir adelante con relación a la vida, crecer, mejorar, yo ya no puedo!
S: Mama vive, no te preocupes de nada, vive, camina, observa, ríe y ama.
A: Estamos cerca?
S: Más de lo que crees. Me ves?
A: No! Dónde mi niño?
S: Aquí-aquí-en todo. Soy energía de la buena.
A: Pero dónde? Se mas específico, recuerda que estoy ligada a mi cuerpo físico.

S: Ahí mismo, creo que no entiendes todavía pero pronto.

A: Una pista, háblame, dónde estás? Dónde te puedo ver?

S: En tu alma. Ves la luz? Cierra los ojos, YA!

A: (Los cierro) No, no vi nada!

S: Siéntelo... YA!

A: No puedo, my love!

(Cae una tarjeta de cumpleaños del cuaderno, en el que escribía. En ella un dibujo hecho por Sebastián cuando tenía apenas 4 añitos de vida. Dibujó dos inmensas montañas y en medio de estas, la palabra LOVE).

A: I got it! LOVE! (entiendí! AMOR!)

S: Si mama, amor puro. Es hermoso, está en ti. Yo soy amor – Estoy en ti.

A: Gracias por darme tanto amor. Te tenías que ir, verdad?

S: Si, me sostuviste mas de la cuenta, los amé mucho.

A: Te amamos mucho pero mi vida creo que terminó al tú irte, no puedo!

S: Soy tu vida, la que crees que te quite al morir, mi muerte te bendecirá y ayudará a liberarte porque verás y entenderás que solo el amor es realidad y el resto es fantasía.

A: No puedo! (y lloré hasta quedar dormida).

LO SOY TODO

A: Hola mi bebé, como estás? Te he estado buscando.

S: Lo sé mama, lo sé.

A: Y entonces por qué no siento esa paz?

S: Porque buscas lo físico y yo no soy eso.

A: Si pero tú puedes ayudarme; ayúdame!

S: Mom, escucha, lo soy todo y nada. Estoy en la flor y no la soy.

A: Y yo? Cómo te siento? Cómo te veo?

S: En lo bello de la naturaleza y en tu corazón.

A: Sabes que no es fácil! Es solo sentir y no ver-no tocar-sostener en mis manos. Ayúdame, te extraño mucho.

S: Busca el amor en todo, ahí estoy.

A: Qué hago para superarlo, para crecer, tener mas fe y mejorar?

S: Mama se feliz con lo que tienes, no me extrañes tanto, camina, busca la belleza en todo, se feliz, no te preocupes de nada. Búscame, estoy en todo.

OLVIDATE DEL ABRAZO, NO LO VAS A RECIBIR

A: Enséñame a verte, a sentirte. Me duele tu ausencia, siento que no puedo.

S: Mom, veme, escúchame. Estoy en todos lados.

A: Cómo?

S: Mom eres cuerpo y espíritu, yo soy luz. Mientras te arraigues a lo mundanal, no me vas a ver.

A: Tengo que irme para verte? Soy de la tierra.

S: Mama se feliz, yo velo por ti.

A: Cómo nos conectamos?

S: Aprendes, yo estoy contigo siempre.

A: Estamos en diferentes dimensiones. Me puedo acercar más a la tuya?

S: Si mama, ve, usa tus sentidos. Siénteme en tus pulmones porque soy aire. Olvídate del abrazo, no lo vas a recibir. Soy brisa, brillo, sol, fuerza, tierra, naturaleza, vida, medio ambiente, amor, alegría. Velo, todo es para ti!

A: Puedo?

S: Sí, con el corazón pero ahora esta lleno de dolor, límpialo y podrás ver. Respira, vive, admira todo, es para ti!

LA REALIDAD ES QUE VIVO EN EL SEÑOR LA FANTASÍA ES QUE MORÍ!

A: Sebi, que voy a hacer sin ti? No puedo! Me duele, no logro aceptar.

S: Mami, lo harás. Está bien, llora porque todo lo mío te lo quité, pero solo hasta que entiendas que nunca me fui.

A: Te extraño mucho, mi vida dio un vuelco. Qué hago?

S: Ámame pero como se debe; con pasión, devoción y sin egoísmo.

A: A veces pienso que eres duro, soy una madre y tu fuiste parte de mis entrañas. Entiéndeme.

S: Lo hago, mami vas a estar bien, aprenderás.

A: Y mientras tanto qué? Me duele mucho Sebi.

S: Lo se mamita, te amo pero tienes que amarme como yo te amo a ti. Se que te duele pero es para tu bien espiritual. Tu espíritu crecerá y sentirás felicidad.

A: I am sorry my beloved son! Cuando cesará este dolor?

S: Cuando ames como Dios manda.

A: Cómo manda él?

S: Con el corazón puro, transparente sin importar donde este yo.

A: Tú estás donde debes estar. No tengo angustia pero mucho dolor. No es justo que un ser tan bello me de tanta pena. No eres mío, pero lo fuiste por un ratito.

S: Mama somos 1 solo. Tuvimos una misión y la nuestra fue de amor. Nos amamos en la tierra y en el infinito. La lección aprendida ahora a amar como Dios manda. Te acostumbrarás a llevarme en el alma y a amarme sin verme.

A: Ya te amo y mucho.

S: Tanto me amas que me quieres contigo?

A: No love, se que estás bien solo que te extraño y me haces mucha falta.

S: Mama es normal pero el amor por mi te salvará. Quiero verte bien, disfruta mis hermanos, viaja, una que otra lagrimita pero crecerás y serás feliz. Todo es fantasía lo demás es realidad!

A: Qué? No entiendo.

S: La realidad es que vivo en el señor la fantasía es que morí. Mama volví a nacer, se feliz por mi. Yo lo soy!

A: I promise I'll try, I promise! (Te lo prometo-Trataré, lo prometo).

BUSCÁNDOLO POR MEDIO DE LA MEDITACIÓN

El vacío y el dolor se apoderaba de todo mi ser. Busqué y me fue ofrecida ayuda para aliviar la pena que carcomía mis entrañas. Tomé unos días para llorar y desocupar el alma pero poco logré. La ausencia de mi 'adorado niño' era un cuchillo en mi estómago que no me mataba pero me desangraba gota a gota. Me fue ofrecida ayuda de una sicóloga y la tomé. Busque muy dentro de mi una justificación a tan grande pérdida, no la encontré. Leí libros sobre la muerte, no me gustaron. Leí partes de la biblia, no entendí. Tomé pastillas relajantes y me producían sueño y el dolor seguía ahí. Mis hijos, familia y esposo continuamente me consolaban, pero no fue suficiente. Busqué una meditación y me ayudó. Sentí a Sebastián y creo que vino con el Espíritu Santo.

Coping with Grief: Guided Spoken Meditation for healing after a loss of a loved (Acoplándose al Dolor: Meditación hablada y guiada para el saneamiento después de la pérdida de un ser querido).

Primera Meditación:
Invité a mi niño añorado a encontrarse conmigo en un lugar creado en mi espíritu, donde solo existe el amor. Imaginé un lugar celestial, sin paredes ni límites. Invité a Sebastián a mi lugar sagrado y vino. El lugar de reunión era infinito, lo era todo. Allí, al frente mío, vi a mi hijo!
El era una luz inmensa, lo era todo. Su cuerpo era la luz; su cara, tenuemente distinguible, me permitió reconocer su sonrisa.
"Mi Sebi, me muero, no puedo mas, te extraño te necesito. Me abandonaste, me dejaste sola, viva pero sin vida. Ayúdame!".

Lloré desconsolablemente por 10 minutos en ese lugar sagrado. Sebi no dijo nada pero su presencia era obvia él era la luz, el lo era todo. Sentí amor y no entendí tanta inmensidad. Quería ver a mi Sebi, abrazarlo, acariciar su cabello, pero el ya no era cuerpo sino espíritu. Mi Sebi físico ya no existía, ahora el era esa luz e inmensidad imposible de palpar pero posible de sentir. Lo sentí, vi su sonrisa pero no lo pude abrazar. Cuanto necesitaba un abrazo suyo! No lo recibí, él era inmensidad y es imposible abrazar el infinito. Mi Sebi lo es todo, tendré que aprender a sentirlo. Me despedí de él sabiendo que podría regresar a este lugar sagrado y sentir su presencia. Lo invité tantas veces e insistí tanto en su presencia que un día no vino, pero me envió al Espíritu Santo.

EL ESPÍRITU SANTO

Hago mi meditación. Cierro los ojos e invito a mi Sebi. Se abren las puertas del cielo, veo la inmensidad. Allí está esa luz infinita, no hay límites pero es todo. Espero a Sebi, lo llamo, no viene. "Sebi, te quiero ver, ven aquí estoy en nuestro lugar sagrado, te necesito." Sigo allí esperando y mirando hacia el infinito. Siento una presencia divina. Un manto inmenso brillante lo cubre todo, es luz, es totalidad, está sobre mis hombros me cobija. Siento unas manos sobre mis hombros están ahí, lo sé - las siento y no las siento. Una presencia divina está a mi espalda y me enseña la totalidad, la luz, la inmensidad. No hay límites solo luz, resplandeciente, bella, única, especial.

Sebi, ven, consuélame te extraño, dónde estás? No te puedo ahora ver en nuestro lugar sagrado. Continué llorando, las manos suaves e invisibles sobre mis hombros, el manto cobijándome y haciéndome parte de la luz. Yo era parte de esa inmensidad...pero seguí buscando a Sebi. Lloré con el alma. Sebi no vino, o mi dolor no me dejó ver?

A: Sebi me dice la sicóloga que me enviaste una señal divina y no la vi por estar buscándote. Es cierto? Explícame.
S: Si, quiero ayudarte, no me extrañes tanto, yo soy feliz, paz y SOY. Vive, cree con el corazón y me verás.
A: Dame un 'glimpse' (vistazo) de donde estás. Pusiste tus manos sobre mi espalda? Fuiste tú? Fue el Espíritu Santo?
S: Mom, cree en la bondad de Dios, el te abraza, te quiere.
A: Fue El?
S: Cree en la fe, es bonita.
A: Cada vez que te invito en mi meditación, vienes? Eres tú?
S: Mom, la espiritualidad es la realidad, el resto es una mentira. Dios puso sus manos sobre tus hombros. Vive bien, agradece, nos veremos.

Me tomó tiempo entender que Sebi me envió al Espíritu Santo para ayudarme, pero una vez más, mi falta de fe no me dejó ver. Busqué a Sebi y encontré al Espíritu Santo. Por qué seré tan necia, incrédula y dura para entender la belleza de Dios? Dios por favor, enséñame a ver!

A: Sigues enviándome señales? Sigues conmigo?
S: Solo hasta la eternidad. La viste, verdad?
A: Yo te amo y tú que sientes por mi?
S: AMOR solo, sin angustia, obligación ni pena.
A: Estoy mejorando. Te extraño y es que fuiste una belleza, un regalazo.
S: Gracias mamita eso fui pero no te pertenezco. Soy de Dios y a él volví.
A: Eras un angelito en la tierra?

S: Para ti lo fui, para otros una lección

A: Más señales para mí? Debo de estar alerta?

S: Observa. Es muy lindo cuando ves con el alma.

ME QUIERES CONTIGO?

A: Hi Sebas, como estás? Con nosotros?

S: Mom, I've always been (Mami, siempre lo he estado).

A: Te amo, creo que estoy mejor pero confundida. Quiero estar feliz porque estás bien. Pero no se que hacer. Escribo, rezo, hablo de ti, río, te busco? Qué hago?

S: Mamita haz lo que quieras pero mejórate.

A: Te molesto mucho? Qué hago, mi niño?

S: Mami, se tú, ten fe, vive tu vida es corta, yo también te quiero.

A: Me quieres contigo? Quieres que vaya?

S: No quédate, te necesitan más que yo.

A: O sea que me extrañas? No me abandonaste!

S: Nope! Te pienso amo y te gustaría este lugar.

A: Me llevarías allá? Estaríamos juntos!

S: Mom, somos uno. Tu, yo, las plantas-UNO SOLO

A: Tu eres cielo-vida-luz-paz. Yo soy? No se que soy. Qué debo hacer?

S: Vive, no pienses en nada. La vida es corta y pronto se va.

A: Me voy pronto?

S: Si, muy pronto. Vive, ama, ríe, no llores, no temas.

A: Y tus hermanos?

S: Ja, fine (bien) tienen mucho que hacer.

A: No te entiendo, me quieres contigo?

S: Honestamente NO! No soy egoísta, tu eres su mamita pero no eres ESENCIAL! (me dolió esa respuesta).

A: No mi vida, no me enredes mas. Ayúdame, dame claridad.

S: Mom, eso soy yo, claridad y tu luz. Alumbra ayuda, no te quejes porque eres afortunada, iluminada. Te quiero pero no eres ESENCIAL.

A: Qué hago con mi vida en la tierra?

S: Vívela, ríe, canta, baila, no eres víctima.

A: Qué soy? Para dónde voy?

S: Tu vida en la tierra es corta, también eres de aquí pero te faltan cosas por hacer.

A: Qué?

S: Vivir en paz, sin preocupación. VIVE porque MUERES.

A: Cómo?

S: Como un ave, libre, sin miedos. Con fe, mucha fe!

A: No mas adversidades, por favor!

S: Si ves! Miedos, véncelos! La vida es bonita pero depende de ti.

A: Estoy en la tierra Sebi!

S: Y yo soy luz. Si estás en la luz nos unimos más.

NUNCA SOLA
ME TIENES CONTIGO PERO SIGUES SIN VERME

A: Hola mi Sebi, vengo de Miromar de hacer compras y me hiciste mucha falta. No pude, me regresé a casa.

S: Si, en Abercrombie, te fuiste rapidísimo, tenías prisa? Qué buscabas?

A: No se, no me hallo, no busco, solo salgo. No se! (lloré desconsoladamente)

S: Qué buscas?

A: A ti! Consuelo, alivio, calmar este dolor.

S: Allá?! No mami, en ti ahora!

A: Estaba sola!

S: Nunca sola, me tienes pero sigues sin verme.

A: Ayúdame Sebi, ayúdame!

S: Te veo, te siento, no tengo límite estoy contigo. Mírame con los ojos de Dios.

A: Cómo?

S: Necia, sabes que estoy bien y estoy a tu alcance.

A: Lo sé! en las flores, el cielo, la luna pero todo es inmenso, tu eras mío!

S: Si lo era, ya no. No me culpes, vine cuando Dios me llamó, tú lo harás!

A: Si, pero sigues siendo mi bello Sebastián, te amo. Lo eres todo para mi.

S: Si pero tú importas más, eres una obra de arte que hay que pulir.

A: Me vas a ayudar? Quiero lo que tú tienes; paz y amor.

S: Mami, ámate!

A: Yo me amo...o no?

S: No, no, no, quieres lo que no eres ni lo que tienes y lo que tienes no lo quieres. Estás inconforme, se feliz con todo lo que tienes.

A: Es mi mundo terrenal, soy normal-soy como todos. Tontos, lo se!

S: Bueno, cambia! Da gracias a Dios por todo, hasta por mi ausencia. Todo es amor y viene de El.

A: Si a veces ni agradezco mis otras bendiciones. Ando con afán, angustias, responsabilidad, ignorancia.

S: Reza mamita y todo se te dará!

A: Sebi, tu creciste, yo no! Es fácil para ti, para mi no!

S: Tienes razón así es el mundo hace daño pero tu te lo haces a ti misma, porque amas sin amor, vives sin luz. Eres tú-tu responsabilidad. Solo te puedes cambiar a ti misma.

A: No se como hacerlo. Soy terrenal-me entiendes?

S: Claro, yo se lo que eres y no me gusta.

A: Sebi, que me dices? Yo estoy tratando de hacer lo mejor para vivir sin ti pero no sé como. Cómo que no te gusto?

S: Mamita te quiero saber feliz, sin miedos. Dios está contigo, entiéndelo. Queremos que vivas.

A: Y las adversidades?

S: No son adversidades si crees, fe. Déjalo todo en las manos de Dios.

A: Quiero esa paz, ese entendimiento. Tengo que morir para vivir en paz?

S: Mom vive para morir y estar lista. Vive con espíritu y fe. Alístate para morir. Si la muerte es vivir en paz, vive en paz busca a Dios, arrodíllatele verás que el te oye. Vive y agradece cada flor. Ama con el alma y preparándote para morir.

A: No entiendo o si- entiendo. O sea que mientras viva puedo lograr sentir y vivir como Dios pide? Es lo mismo?

S: **Estás en tierra y aquí es donde buscas la paz. No todo es dado. Mira las bellezas de la tierra, las plantas, todo es garantizado pero no tu crecimiento espiritual. Ese es el que tu tienes que encontrar, el resto es tuyo. Dios quiere que veas toda su creación es perfecta y aún dudas. Busca lo único que no se te ha dado. La FE, encuéntrala.**

A: Creo que entiendo, love. Todo es un regalo y mi trabajo es reconocerlo, aprovecharlo ciegamente y seguirlo a El. Podré?

S: Dudas?! Mira alrededor, todo es bonito.

A: Para mi es bonito, no para todos. Hay hambre, maldad, etc.

S: Ni ellos deben dudar. Dios les concederá lo que necesitan. Tú preocúpate por ti. Ellos tiene su misión y tú la tuya.

A: Confías en mí? Puedo? Me ayudas?

S: Si puedes! Mi partida ayuda tu misión. No soy obstáculo soy luz!

A: Obstáculo, no mi vida, eras amor!

S: Exacto! Se fue lo que mas amabas y aún así lo amas a El. Todo es para tu beneficio y crecimiento. Puedes desde la tierra ver el reino de Dios pero eso solo se puede con el alma.

A: Y las responsabilidades? Qué hago?

S: Lo mismo de siempre, todo sin preocuparte ni sufrir. Vive, confía todo se te dará. Ocúpate de tu alma, el resto es nada. Mamita, escucha. No quiero dolerte. Te amo y yo cumplí mi misión, cumple la tuya.

A: Si te tengo que dejar ir, cierto?

S: Si y no! Si para amarme, respetarme, crecer, valorarme, para apoyarte y darte la manito, lo nuestro es eterno. NO para sufrir, para sentirte víctima. Te amo y vas a crecer, yo estaré contigo pero ten mucha fe!

AMA COMO LA MADRE TERESA

A: Hola mi bebé, estoy en el comedor sentada justo al frente de tu silla. Me ves?

S: Si, gracias por las velas, me gustan, la nueva es muy bonita.

A: La compré para ti. Quería saludarte, te molesto?

S: Mami, háblame yo te escucho.

S: Cómo me escuchas?

S: Fácil- Cierra los ojos? Qué ves?

A: Humm... nada!

S: Obvio soy todo.

A: No me respondes como te veo.

S: Sentidos, el palpitar del corazón.

A: Siempre ha palpitado, estoy viva bobito!

S: Escúchalo! Vive, ama desde adentro olvida, perdona, no juzgues, no critiques, no sufras.

A: Todo es no-no-no. Qué hago?

S: Amalo todo. Dios es grande, lo es todo, todo.

A: Ok baby, confió.

S: Si confías? Vive en paz, no pelees, ríe, se tu y ama como la Madre Teresa a quien admiras.

A: Confiaré!

TIENES EL UNIVERSO Y SOLO QUIERES EL SOL PORQUE LO VES, NO PORQUE TE CALIENTA

A: Hola mi niño adorado. Yo aquí extrañándote y tratando de darle sentido a la palabra fe y ni siquiera te siento?

S: Mami, la fe existe y no la ves. Crees y listo.

A: No, no es así de fácil. No lo es Sebi, no para mi!

S: Es que no tratas, eres muy racional. Pregúntate como crecen las plantas como crecí yo?

A: Si todo es poderoso, ese es mi problema. Todo es intocable y la fe también lo es. Cómo puedo creer si no te siento. Sino te sueño, sino existes?

(me sentí muy mal al releerlo-pero me sentía desolada, abandonada).

S: Mom, si existo. Si soy total y completo, tú también existes pero tu espíritu no, eres cuerpo y esencia, yo soy espíritu.

A: Y cómo nos vemos? Sebi, ver, tocar algo para creer, please!

S: Mom soy espíritu y trato de comunicarme pero me bloqueas, quieres creer pero no quieres.

A: Pues ayúdame. Necesito algo para creer pero me das cosas muy grandes, tan grandes que las dudo. Ayúdame, pero a mi nivel.

S: Lo hago mom, estás bloqueada, deja entrar el espíritu santo y me verás.

A: No me estás ayudando. Por qué no me das algo?

S: Mundanal?

A: Si, que yo vea.

S: En eso consiste, soy espíritu y no me ves con ojos mundanales sino los del corazón.

A: Ok, Sebi muy complicado.' Too big for me'. Dame algo. Esta escritura tiene que ser cierta, tienes que estar conmigo. No te me vayas del todo. Dame un pedacito de ti. Dios no pudo quitarme absolutamente todo. Algo me dejo, algo, una semillita mi bebé, algo… please!

S: Mami todo para ti, el te ama y ve tu dolor, tendrás tu recompensa y no soy yo. Le pertenezco y estoy contigo, te amo. Quiere que sanes y yo te ayudaré.

A: Sebi te pido poco. Tu me preguntas cosas inmensas, yo gotitas. Regálame una gotita de fe, please.

S: Te amo niña boba, agradece, vive y no me busques mas. Yo estoy contigo en tu café, (estaba bebiendo uno) soy aroma y amor.

A: Lo sé. Dame una gotita de sabiduría, please.

S: Mom, te la daré a mi manera y entenderás.

A: Entenderé? Es lo que quiero.

S: Mami, ver para creer?

A: Un vistacito!

S: No todo tan grande. Ok entiende. Tienes el universo y solo quieres el sol porque lo ves no porque te calienta.

A: Sebi, ponte a mi nivel.

S: Tu sube mami, es mucho mejor. Mereces vivir en paz, date esa oportunidad.

A: Me ayudarás para que entienda?

S: Entenderás mi mensaje de amor y sabrás cuanto te amo y que estoy contigo.

A: I can't wait! (No puedo esperar!).

S: Si lo harás, ya verás. Sabrás que existo, soy tan grande que ojos no pueden ver, solo el alma.

A: Mi ángel, te amo, respeto, quiero. Creciste y ya no eres mi bebé, te extraño.

S: Lo fui, fui tu bebé pero crecí a lo máximo. Recuérdame, sigue amándome y nos vemos aquí pronto.

A: Es una despedida?

S: Mami entiende, nunca te voy a dejar, eres mi ovejita y te he de socorrer. Eres mi amor, mi vínculo terrenal, pero tienes que crecer y te voy a ayudar.

A: Fui a visitar el lugar donde moriste, lo olvido?

S: Pues, morí y empecé a vivir. Es lo que quieras que sea.

A: Vuelvo allí?

S: Jajaja mami-mami-mami; terca, necia. No te gusta ese lugar, no creo que encuentres nada bonito. Estoy aquí y es aquí donde me vas a ver.

UN ADIÓS PARA PAPÁ

A: Mi bello Sebi. Que dolor, hoy no puedo. Qué voy a hacer sin ti?

S: Si mamita te amo y veo tus lágrimas, te entiendo y quiero verte bien, no es tan fácil y si lo harás.

A: Me gusta que me digas que me entiendes. Puedo llorar, estar tristona a pesar de que todo me lo da Dios. Si, puedo?

S: Mami, nadie manda en tus sentimientos eres una mamita y te duele el corazón. Yo te ayudo a curar porque estoy vivo en ti. La semilla esta ahí.

A: Sebi, por qué no sueño contigo? Por qué no te veo? Por qué no me das un abrazo fuerte como el que le diste a Dad?

Sebastián se despidió de su papá por medio de un sueño. Mi esposo soñó viendo a Sebi sentado en la cima de una colina conversando conmigo. Sebastián lucía triste, preocupado y yo a su lado lo consolaba con amargura. George (su padre) le preguntó, que si estaba bien. Sebi inmediatamente se puso de pie y le respondió diciéndole que tenía que irse. Se dirigió hacia su padre y los dos se abrazaron con fuerza, aferración y tristeza. George quería detenerlo pero sabía que no podía. Lo apretada con desespero pero entendió que no había nada que hacer. Era su último adiós.

Mi esposo despertó llorando inconsolablemente y me dijo: "Sebi se despidió de mi, me abrazó fuertemente, se fue, yo no pude detenerlo". Lloramos el resto de la noche.

S: Porque no estás lista pero te tengo un regalo especial.

A: Un sueño? Quiero verte mi Sebi?

S: Mami no soy el cuerpo que quieres ver, soy espíritu.

A: Puedo ver tu espíritu?

S: Solo si me sientes.

A: Soy egoísta.

S: Me amas a tu manera y eso vale pero llénate de amor.

A: Te extraño! Help me, please! (ayúdame por favor).

S: Si mami, te ayudo a secar tus lágrimas. Ámame como yo te amo y serás feliz.

A: No, ni comparación. Será hasta que yo muera.

S: No ya! Ama en la tierra como en el cielo. Aprende, adórate, Dios te hizo perfecta, apréciate eres hecha por El. Te cuida, quiere, protege, eres su ovejita.

A: Y para ti mi Sebi?

S: Todo mami, todo, te amo. Me entiendes? Te amo y doy todo por ti. Te voy a ayudar, ya lo verás!

A: Ok, mi niño, espero tu regalo y ayúdame a verlo.

S: Si mamita, toca de la manito o no llegas, pero lo haré y con mucho amor!

A: Bye wise boy (adiós niño sabio).

TRIO

Caminando por el parque vi tres hermosas cigüeñas. Inmediatamente las identifiqué con mi trío perfecto. Las tres se me acercaron e intenté tomarles una foto con mi celular. Al acercarme a ella, la más grande de las tres me amenazó con su pico, haciéndome saber que las otras dos eran sus crías.

A: Sebi, los tres pájaros que vi hoy no representaban mis 3 hijos.

S: Lo sé mama, es la realidad. Tienes dos hijos y a mi en el cielo.

A: Pero sigues siendo mi hijo!

S: Mom, hasta que vivas. Yo, tu somos hijos de Dios. Te amé mucho, fuiste fenomenal te estaré esperando en el cielo. Vive la vida es corta, ríe, ama y no te preocupes de nada.

A: Cuál es nuestra relación ahora?

S: Eres mi mama terrenal y velaré por ti.

A: Tú eres mi hijo y todos los días le daré gracias a Dios por ti, eras hermoso bebé y te adoré con toda mi alma, pero ya no me necesitas. Soy yo quien necesita de tu amor y sabiduría. - Ah, y mándame mensajes más bonitos, la cigüeña se enojó.

S: Enciende tu luz, mis hermanos tienen la suya. Tú no eres tus hijos, no te opaques. Cuídate, quiérete, enciende tu luz.

A: Me encanta conversar contigo pero a veces no entiendo ni m…

S: jaja- Graciosísima! Te amo bambina!-amore mio!

AHORA CREE EN TI
Y EN QUE DIOS SIEMPRE PROVEERÁ

A: Sigo aquí buscándote, gracias por tus palabras de sabiduría.

S: Me sientes? aquí estoy, sientes mi presencia?

A: Si eres todo pero…siento mas tu ausencia. Qué hago?

S: Mama déjame libre, vive.

A: No te dejo libre, te detengo?

S: No, nada me detiene. Lo digo por ti. Mami mi cuerpo físico ya no existe.

A: Lo se, bobito!

S: Lo sabes y aún así te aferras a lo que no existe, aférrate a la fe.

A: No existe y fe? Me aferro a tu cuerpo- y entonces la fe? Ay Sebi, no entiendo! Te prometo que releo y trato de aprender. Cómo ves a tus hermanos? Mi Estebitan?

S: Mami el es bueno, cariñoso y te dará todos los abrazos que yo no te daré.

A: Está bien? Puedes ayudarlo?

S: El te dirá si quiere saber mi opinión. Yo soy luz y fui lo que fui.

A: Algo que quisieras decirle, enojos o líos?

S: Soy espíritu, paz. Ya olvidé, no se lidiar con sentimientos mundanales. Soy luz para todos ustedes, ámame en paz.

A: Sebi, gracias por todas tus bendiciones.

S: Mom dime si ahora tienes paz.

A: Paz...emocional, económica?

S: Te doy el mundo para verte en paz y dejes de dudar. Cree mom con los ojos cerrados 'a ti nunca te faltará' ya cumpliste esa misión. Ahora cree en ti y en que Dios siempre proveerá, siémbralo en tu corazón.

A: Creo saberlo, pero por qué no me siento tan bien? El mundo?

S: Sigue culpando al mundo! Eres tú, tu interior. No culpas, TU!

A: La Madre Teresa puede, yo no!

S: Material, todo material, despréndete, confía y sé feliz.

A: Me falta mucho por recorrer, cierto?

S: Eres buena pero te falta fe. Quiero que crezcas. Gloria te puede ayudar. Es débil de espíritu es fuerte de corazón. Tiene lecciones para ti, te ama, escúchala!

A: Lo haré! Ciao te amo

S: Eres mi niña te cuidaré como tu me cuidaste, pero tienes que crecer!

AMA LO DADO Y LO NO DADO, Y A MI SOBRE TODAS LAS COSAS

A: Otro día sin ti, no puedo. Me duele mucho, mi alma, mis entrañas. No dudo de tu existencia pero te siento tan grande, tan distante (llanto incontenible).

S: Lo se mamita pero te acompaño. Se fuerte, no te deprimas.

A: Estoy tratando pero tengo rabia con todos y contra todos. No son ellos, soy yo no tengo tolerancia!

S: Tolerancia hacia ti, no sabes tolerarte a ti misma. Tu dolor es justificable, todo es lo que tiene que ser, ama!

A: Ama a quién, qué?

S: Ama lo dado y lo no dado y a mi sobre todas las cosas.

A: Me suena egoísta...por amarte tanto duele!

S: Estás equivocada, tu amor no debería de doler. Estoy en 'heaven'. Miras el cielo? Allí estoy. Viste esos rayos de luz? Son para ti. Los viste y me alegró.

(Ese día en particular, el cielo estaba espectacular. Unos rayos solares se filtraban entre las nubes dando un espectáculo maravilloso, lo miré y esta vez si vi el cielo, hermoso como ninguno!)

A: Que te ame sobre todas las cosas? Hum!

S: Mami yo soy el reflejo de Dios, brillo a través de El.

A: Tú y Dios uno solo?

S: No y si. Soy amor y eso es El!

A: No Sebi, hoy no puedo. Guíame!

S: Lo hago mamita hay esfuerzo y no me ves. Tratas pero eres dura para ceder. Acepta a Dios y vive en paz.

A: Escuché la canción de Roy Orbison y me acordé de ti, mi hermoso niño artista, cantante!

S: Amé la música, ahora soy melodía. Sigo cantando!

A: Ya te escucharé!

S: Y hasta tu cantarás!

A: Jajaja con mi voz de tarro, no way (no hay manera).

S: Acá todo es hermoso-TODO!

TE TENÍAS QUE IR?

A: Hoy ha sido un día en que me ha dolido el alma. Te tenías que ir? A los 21 añitos? Tan rápido?

S: Eternidad para mi, siempre pertenecí aquí. Lo hice por amor, lo sentí, lo viví. Me amaste pero yo no era terrenal y se me estaban desarrollando unas características no mías. Decidí aceptar el llamado de Dios y todo es una bendición, aunque tu no lo veas.

A: Si, veo y siento.

S: Mami entiende y ve adelante. Volví a mi hogar y será el tuyo también.

A: Nos veremos? Juntos otra vez?

S: Si y por siempre aprende tus lecciones y AMA.

YA NO SOY CUERPO, LO SABES, LO SE! (Meditación)

A: Otra vez! Acabo de tener tu mano entre las mías y Dios estaba ahí, a mi espalda. Si, era tu mano. Porque solo tu mano, no vi nada mas, y la inmensidad?

S: Para que me reconocieras, yo no soy ese cuerpo, lo sabes, lo sé.

A: Viniste con él?

S: Mom, vivo con él y estamos aquí contigo no necesitas cita, aquí estamos.

A: Hoy me siento mejor. Por qué?

S: Porque así tiene que ser, mejor y mejor. Sin dudas y tu liberación. ERES

A: Que soy?

S: Necia, ciega y no sabes to lo que tienes – eres paz pero ensangrada, eres progreso pero estancado, eres luz pero apagada.

A: No, love, no me gusta! Dime algo bueno.

S: Tú eres ese algo bueno sigue tu corazón sin miedo. No temas a nada. Nada te faltará. Te lo hemos dicho mil veces.

A: Soy buena-mala, tonta...qué?

S: Eres una gema por pulir, un diamantico. Tengo fe en ti, tú tenla, la necesitas para liberarte.

A: Lo sé, estoy en la prehistoria, pero yo trato.

S: Sigue, sigue, aprende, ama y vive pero en paz, no hay batallas, no es nada.

A: Ahora si me perdí mi Sebi, qué?

S: Puede ser fácil y bonito pero solo con el corazón.

A: Dime alguien que lo haya logrado en la tierra

S: Grandes pensadores, genios, Aristóteles, Bach, Beethoven.

A: Son extraordinarios, pero y yo?

S: Todos lo son pero pocos lo ven, es dado a unos y enterrado para otros.

A: En mi caso?

S: Casi al frente y no lo ves, mami usa tus talentos, se feliz de verdad.

A: Está difícil la tarea de hoy! Elevado mi Sebi, mua! (beso)

S: Mom así de grande se puede ser, look at your inner-self (mira en tu interior). Tu esencia, tu razón de ser!

A: Positivismo, libros, meditación, ayudan?

S: Todo ayuda, todo lo positivo, la fe- mueve montañas.

A: Gracias mi amor! Estoy muy atrasada? Estoy perdida? Tienes fe en mí?

S: Si, eres gigante y no te ves. Grande mama, te verás, crece-I love you. Tienes tanto que aprender.

A: Soy grande y mucho por aprender...? Me confundes

S: No estarás solita. Te veré crecer, allí estaré.

A: Ok my love, te dejo with a big hug and full of hope (te dejo con un gran abrazo y mucha esperanza). Buen día en la eternidad!

S: Buen día en la tierra de Colón!

A: What? (qué?)

S: ¡América!

A: ah, jeje

S: Jajaja just looking at a map. (solo estaba mirando un mapa).

NO QUERÍA HACER DAÑO, TENÍA MIS ALAS Y LAS ESTABA PERDIENDO

A: Mi niño adorado, ves a la abuelita, Edgar (mi hermano)?

S: Si mama, aquí están luminosos, grandes, fabulosos.

A: Se puso contenta tu abuelita al verte?

S: Claro lloró, jejeje somos almas nos amamos, yo fui su alma gemela y aquí vinimos a encontrarnos.

A: Y se acuerda de mí? Le dio pena saber que te perdí?

S: Mom, esta por encima de eso, te ama y todo es para tu crecimiento. Sabe que tendrás lágrimas pero crecerás.

A: Me separé de ella, please, tu no me abandones!

S: Mama tu corazón duele pero pronto razonarás.

A: Y el 'monito' tu tío Edgar?

S: El es un espíritu grande lo verás aquí pero no creo en la tierra, no quiere volver.

A: Y la abuelita?

S: Quizás, no hay afán ni decisiones que tomar.

A: Son todos felices?

S: Todos somos luz, prosperidad, somos TODO.

A: Estás como creído, vanidoso!

S: Jajaja es verdad, todo amor, velamos por ustedes.

A: Velamos- ahora me encantan las velas.

S: Ahí está! Luz, los guiamos en la oscuridad y en la claridad.

A: Cómo es la abuelita?

S: Dulce, brillante, segura, honrada y tiene supremacía.

A: Y tu tío?

S: Es tolerante y sabe lo necio que son los de abajo pero no le gusta.

A: Tolerante? Suena muy humano.

S: Nope, existen características y personalidades, todo es basado en el amor.

A: Cómo eres tú?

S: Mami, soy todo luz, un churro, gracioso y bondadoso.

A: Eras un angelito aquí en la tierra?

S: Bueno casi, indeciso al llegar estuve por devolverme pero su amor siempre me detuvo. Casi que dejo de serlo por eso me vine, no quería hacer daño aún tenía mis alas y las estaba perdiendo.

A: Fuiste una bendición y si te amamos tenazmente, pero creo que estás donde tienes que estar... pero te extraño.

S: Yo a ti mamita pero tengo mis alas limpias grandes, soy amor PURO.

CÓMO ERES AHORA?

"Grande como el cielo, brillante como la luz del sol, sólido como una roca, fuerte como un Titán, bello como un ángel, especial como ninguno, fabuloso como la tierra lleno-hecho de amor".

A: Ya estarás cansado de oírme, pero no se que hacer para arrancar, para estar bien, para sentir paz y no dolor. Qué me falta?

S: Determinación, decirte 'me amo y yo puedo hacerlo'. Dios está conmigo, nada me faltará!

A: Y tú estás conmigo?

S: Ayyy Dios, te lo digo, te lo escribo y repito... estoy en tu corazón y donde lo lleves a el me llevas a mí.

A: Como siempre busco refuerzo mientras me solidifico y creo 100%. Quiero cuidarme, mejorar, hacer ejercicio, abrir mi negocio, estar bien. Qué hago?

S: Mejor...que te detiene? Mañana no es eterno, tu vida es corta. Dale, arranca, el tiempo pasa. Vive, ámate, cuídate, sueña, trabaja en lo que amas pero sin miedos, Dios proveerá.

A: Y para convencer a 'dad' que acepte y haga todo conmigo?

S: Mama, eres responsable solo de ti, no puedes manipular los eventos, solo tú.

A: Por qué seré tan volátil? Me siento súper héroe y después incapaz, puedo cambiar y estar siempre fuerte, 'súper héroe'.

S: Fuerte cuando crees en ti y en el poder del cielo, débil cuando dudas de tu existencia y razón de ser.

A: Quiero y puedo pero me debilito.

S: Anula ese 'pero', no deberías usar esa palabra.

A: Sebi lindo, cómo eres ahora? Tu bella sonrisa? Cómo estás? Si te viera hoy cómo te vería?

S: Con el corazón! Grande como el cielo, brillante como la luz del sol, sólido como una roca, fuerte como un Titán, bello como un ángel, especial como ninguno, fabuloso como la tierra y lleno-hecho de amor.

A: Ahhh... qué digo?... Evolución total de mi pequeño, vulnerable y tierno Sebastián a todo eso?

S: Y más pero te dejo loca!

A: Eyy dijiste pero y me dijiste que no usara esa palabra.

S: Pero yo si puedo, para mi es una razón para ti una excusa.

NUNCA TE FALTARÁ

A: Hola, mi amor. No dormí bien anoche. Mente ocupada en miles de tonterías. Algún día aprenderé a manipular mis pensamientos

S: Buenos días mamita y si que son buenos. Viste afuera?

A: Ahora si vi, fabuloso, hermoso día, gracias!

S: Todo tuyo, disfrútalo!

A: Lo haré. Voy a buscar local para rentar.

S: Bien, que encuentres lo que quieres. Qué quieres?

A: Un lugar bueno, bien ubicado, precio bueno, compromiso limitado...

S: Ja, limitado. O estás o no estás, confía 100%!

A: Si Sebi, bueno, bonito, barato, atractivo y que pueda decir: "este es!"

S: Mami no temas a nada, quiere las cosas con el corazón y se te darán.

A: Si quiero pero creo que no lo he hecho por temor, pero como tu me repites siempre: "Nunca me faltará"!

S: Lo tienes claro mom, go! Te quiero, te admiro, tú puedes.

A: Si crees? No soy gallina?

S: Mamita ese es tu problema, trabajas duro y esperas poco. Haz lo opuesto y con placer. Trabaja con gusto, dignidad y espera muchos frutos; producirás!

A: Mi Sebi, te amo, no se si mirar tus fotos o verte en el alma como el gran Titán que eres o mejor como mi Sebi con su sonrisa dulce, tímida, cute. Dímelo tu!

S: Los ojos del corazón. Sebi fui y lo seré para ti mientras estés en la tierra. Siguen mis características, soy como fui pero sin agobios y de la mano de Dios.

A: Y aquí no estabas de la mano de El?

S: Sip, siempre pero debía escoger y somos bobos y no vemos. Es obvio que debemos escoger la FE y no lo hacemos. Aquí soy FE y no hay que decir nada porque estamos en el amor y esa es la decisión.

A: Volviendo a mi negocio. Guíame, dame berraquera, ayúdame con conexiones, ánimo, crecimiento y tu ahí!

S: Ja-ja, todo eso eres tú! Te apoyo con mi amor y repitiéndote que nunca te faltará- cree y se te dará-trabaja y recogerás frutos. Solo el amor atraviesa montañas. Cree, dale y Becca también (Becca es mi socia).

A: Ok, para adelante y con fe. Yikes!

S: El miedito déjalo, Dios proveerá.

A: Lo sé. Soy tonta y necia.

S: No y si. Tonta si reconoces la carencia cuando hay abundancia y necia cuando te lo hemos dicho siempre -nunca te faltará.

A: Llegó Becca por mi. Salgo a buscar el local, vienes? Puedes?

S: Estoy contigo. Me uní a ti en alma y espíritu.

A: Y puedes darme tanto tiempo y dedicación?

S: Jaja cuando lo eres todo, todo lo puedes. Ni tiempo ni distribución. Totalidad y en todo lugar pero sobretodo en tu corazón.

A: Si tan boba, esas son cosas terrenales.

S: Tus cosas no las mías. I am above that (estoy por encima de eso). Todo es perfecto!

A: Yo no!

S: No en tu cabeza pero en la del señor, perfección.

A: No entiendo.

S: Todo es perfección, conexiones de tiempo y espacio, relación entre uno y otro, cada imperfección es una perfección para crear lo más perfecto. Como el universo, todo es un plan divino, cada acción una consecuencia, nunca individual todo es entrelazado.

A: Ay Sebi, mucho para mi.

S: Estás creciendo, aprenderás la lección.

A: Pero no soy un Einstein.

S: Pero eres TU y puedes ser.

A: Ser qué?

S: Lo que quieres ser.

A: No Sebi, me perdiste pero releeré tu escrito y quizás entienda. Te amo con toda mi alma, gracias por todo mi bebé.

S: Tqm, FE en grande!

ESTOY DONDE ESTÉ TU CORAZÓN

A: Sebi, mi bebé. Añoro tu música, tu presencia y me duele todavía. Estoy feliz por ti ...pero te extraño mucho.

S: Lo se mamita pero algún día nos reuniremos, mientras tanto vive, hónrame, se digna de ti, ámate, usa tus talentos, lleva mi música en tu corazón y recuérdame sin pena. Fui feliz en tus brazos porque me diste amor. Regresé al señor pero nunca te dejé sola. Te quite mi 'yo', mi cuerpo pero dejé mi espíritu para que viva contigo siempre; nunca te faltará. Te amo, gracias por tu amor hacia mí. Ahora ámate tu misma que yo estoy lleno de amor. No soy feliz, soy felicidad. Tu eres una obra de arte aún por pulir. Tienes los tools (las herramientas), brilla como Botero (escultor colombiano).

A: Botero? Estás en mi clase, hablé sobre sus obras hoy!

S: Estoy donde esté tu corazón!

A: Te amo con todo mi ser, a ti y a mi Sebi lindo.

S: Mom tengo mis características soy Sebi, fue mi nombre, fui tu hijo ahora soy del cielo, nos veremos, entenderás.

A: Creo que entiendo papi. Desempeñamos un buen papel.

S: Si, estoy orgulloso de los dos. Ahora continua tu historia aún no tiene final. Escribe tu propio libro con el final que quieras.

A: Y viviré feliz en la tierra y en la eternidad porque Sebastián me llenó de esperanza y amor.

S: Te amo más que el sol a ti.

A: Y yo hasta la eternidad

S: Y dónde es eso?

MATERPIECES (obras de arte)

A: Sigo con la idea de mi negocio creo que mi ciclo en la escuela terminó. Que opinas de mi socia?

S: Pues es buena, ama a su hijo y por él lo hará todo.

A: Buena socia?

S: Si, dale mama. Positivismo, es trabajadora inteligente y tu también lo eres.

A: A&R – Thought by Thought? Language Services, no se! Alguna sugerencia para el slogan o dibujo?

S: Humm!

A: … Sebi tu eres un artista siempre admiramos tu talento, eres genial!

S: Lo tengo todavía, si vieras mis masterpieces (obras de arte).

A: Me encantaría verlos!

S: Yes! masterpieces, each and every one!

A: Good! Ey, todos somos masterpieces! Me encanta: "Everyone is a Masterpiece!"

SOY MUY GRANDE PARA TUS MANITAS PERO CHIQUITO PARA TU CORAZÓN

A: Sebi, estoy lista para empezar mi compañía, me ayudas? Qué opinas?

S: Tu decisión salió de tu corazón su evolución del deseo y su completación de tu dedicación.

A: Me ves todas esas características, crees que puedo?

S: Es tu deseo y lo puedes hacer realidad.

A: Quiero triunfar esta vez, he fracasado anteriormente.

S: Y quién no? Estás preparada?

A: Cómo? A que te refieres?

S: Lista para arrancar con fe, energía y dedicación?

A: Súper lista, ansiosa.

S: Then, do it! (entonces, hazlo!)

A: Me das tu bendición?

S: Y más! Todo lo que necesites!

A: Tu apoyo, fuerza, sobre todo en momentos de debilidad.

S: Y en los de euforia, a veces ahí está el error.

A: Tienes razón, extremos mentales. Me fascina el slogan "Everyone is a Masterpiece."

S: Sounds good, did you get it from heaven? (Suena bien, lo obtuviste del cielo?)

A: Yep! My beautiful angel sent it to me (Sip! Mi bello ángel me lo envió).

S: Sweet, lovely and cute. You are a masterpiece. (Dulce, amoroso y tierno. Tu eres una obra de arte) Púlete, brilla, ganas, dedicación corazón...'Nunca te faltará". Te amo.

A: Y yo a ti. Gracias a Dios por ti mi pequeño Sebi mi hermoso Titán, creciste.

S: Soy muy grande para tus manitas pero chiquito para tu corazón.

A: Chiquito? No entiendo!

A: Chiquito porque el corazón es gigante.

S: Yep, entonces si quepo en tu corazón.

A: Que lio contigo, siempre me pones a pensar.

S: No. A sentir dentro de la inmensidad! Llénate de amor.

A: Eso trato!

S: No trates, hazlo!

A: Ok, ya, abro mi compañía!

S: Vamos!

A: Me ayudas?

S: Dije vamos, no ve! Si es hecho con amor, ahí estoy!

SI SOY AMOR NO PUEDO SER DOLOR

A: Ay mi Titán. No se que decir...gracias por comunicarte conmigo.

S: Ja, me encanta que lo hagas. Siempre listo para reafirmar tu fe. Existo mamita, nunca te dejé.

A: Cuatro meses sin ti, creo que estoy creciendo. No me duelen tantísimo las entrañas.

S: Así debe ser si soy amor no puedo ser dolor. Ámame, ríe, recuerda y se paz.

A: Voy a mirar tu video pero verte en pantalla es tan diferente!

S: Fui-soy-seré son solo etapas. Lo que vivimos juntos es lo espiritual.

A: Cuál eres, el Sebi del video o el Titán?

S: Los dos.

A: No Sebi, se más específico.

S: Ok mama, no existe el tiempo así que no fui ni seré, SOY.

A: Los dos?

S: Los Todos.

A: Jajaja me encanta hablar contigo pero a veces me dejas loquita y sin entender nada. De pronto al releerlo.

S: Mamita disfruta tu vida, cuida de 'dad' mis hermanos y tu ámate mucho. Se feliz, no puedes hacer a nadie feliz, no es tu responsabilidad.

A: Por qué lo dices?

S: Porque no eres tabla de salvación de nadie. No eres tan fuerte para ser tronco, flotas y te pueden hundir.

A: Ah? No entiendo.

S: Amate, ponte primero. Flota, nada y vuela!

A: Qué me dices?

S: Mom, solo que te ames tu sobre todas las cosas. No eres la felicidad de nadie solo la tuya.
A: Me haces pensar mucho. Pufffff! But I think I got it (creo que lo entendí).
S: Lo se, amate!
A: Lo haré!

SIEMPRE PROTEGIDO DE DIOS. TU SUFRIMIENTO FUE EN VANO PORQUE TODO ES LO QUE ES

A: Mi hermoso niño, creo que ayer fue el primer día que no lloré por ti …pero hoy otra vez estoy re-tristona. Desilusionado conmigo?
S: No mama nunca, todo es lo que tienes que ser. No esperes milagros ni sanación total. Vives, sientes muchas emociones encontradas. No te hallas, pero ahí es cuando viene la fe.
A: Mi Titán, mi Sebi, como si fueran dos. Con cuál me quedo? Mi hijo vulnerable o el grandioso?
S: Quédate con el que soy ahora. Ya el ayer se fue y en el pasado no te puedo ayudar porque acabó.
A: Si me confunde-no se si hablo con mi olvidadizo-melancólico niño o a este ser espiritual. Con quién hablo?
S: Mama, yo soy el grande, el ser vulnerable y confundido no existe. Soy 'YO', sin miedos ni temores. Tengo mis características que siempre reconocerás.
A: Como cuáles?
S: Las simpáticas, tiernas, dulces. Nunca quise hacer daño fui-soy noble.
A: Suenan como características humanas.
S: La nobleza pura?

A: Si, fuiste angelito aquí y tu fuiste un regalo para mí.

S: Recuerdas ese bebé hermoso que silbaba cuando lo peinabas? Ahí te vi y decidí quedarme. Vi el amor en tus ojos y de ahí venía.

A: Veintiún años y once meses. Mucho y poco, siempre me preocupe por ti. Tenía miedo de que te hicieran daño.

S: Lo se mamita, no tenía los pies sobre la tierra, quería volar a mi reino pero ustedes me detenían. Mi nobleza me sostuvo y me la quise traer conmigo. Quise ser noble y lo fui.

A: Alguien te hizo daño?

S: No, todas lecciones-nadie puede si tu no lo permites.

A: Pero tú lo permitías, eras muy bueno.

S: Pero siempre protegido de Dios. Tú no tenías que preocuparte, todo estaba bajo control. Tu sufrimiento fue en vano porque todo es lo que es.

A: Eras muy especial. En el colegio, dormilón, perezosito, sin alientos …por qué?

S: Porque así fue, es y será.

A: Por qué tan…vulnerable?

S: No, ibas a decir noble. Y quien dijo que tenía que ser de otra manera? Fui perfecto para mi misión de amor.

A: Sigues siendo mi músico sentimental.

S: Claro, por qué no? La música es bella si viene del corazón. La música es mi don.

A: Has visto a tus hermanos tocar?

S: Si, que bien les va, Estebitan es solo sonrisas, dile que empiece a cantar.

A: Y Nick, su voz?

S: Me sorprende, que bien lo hace. Le toco ir al frente y sin escudo (o sea Sebastián) y que bien le va sin el!

A: Si disfrutamos, son fenomenales… pero aquí entre nos: "Tú eras genial!"

S: Si genio para unas cosas, tontín para otras, me conociste bien mama.

A: Y te ame mucho. Ahora sigo estando orgullosa de ti pero a otro nivel. Eres gigante y quisiera como compartirlo con el mundo. Creerán que estoy loca?

S: Comparte lo que desees, si tu razón es noble lo es el resultado.

AMATE CON NOBLEZA Y COMO ERES

A: Salgo en 5 a trabajar pero quiero hablar contigo unos minutos.

S: Mama disfruta tu día, música para tus oídos, pasión por las cosas, alimenta tu espíritu con la naturaleza.

A: Lo haré mi Titán, te amo! Con nobleza, ya no te quiero cambiar!

S:_____

A: Que pasó?

S: Mom aquí estoy y soy, no me quieres cambiar. Estas son las circunstancias.

A: Otra vez me dejas loca!

S: Dijiste algo sabio, "soy noble y no te quiero cambiar."

A: Me explicas?

S: Mama ámate con nobleza y como eres. Nobleza+Amor= ACEPTACION

A: Uy, releeré este diálogo, sigo sin entender.

(Al releerlo, claro que entendí!)

TOLERANCIA ES UNA VIRTUD
RECUERDA, SON CRIOS DE DIOS

A: Estoy desajustada, todo me duele, todo me hace llorar. Ayúdame a lidiar con los chicos de la escuela, estoy cansadísima. Ellos me agotan, me siento sin energía, aburrida triste. Tu ausencia? Me dejaste sola? Soy yo? Mi trabajo? Los chicos?

S: Mami ten tolerancia, es una virtud, son críos de Dios. Has pasado por mucho y sobrevives.

A: Los tengo que corregir, pero son tantas personalidades y estoy muy sensible.

S: No llores ni te enfades, habla, eres buena para eso pero no con el alma ni sufrimiento.

A: Le pongo el alma...no vale.

S: No pero la rabia te hace daño, ahí está tu lección. Haz tu trabajo sin emociones profundas pero con amor.

A: Pero si el amor es lo mas profundo.

S: No, lo es todo! Toma control de la situación, te daré la manito.

A: Cómo?

S: Estoy en tu corazón. Todo lo positivo está en El, lo negativo fuera de El.

PORQUE SOY EL ESTAR ES IMPOSIBLE

A: Ayer fuimos a la caída del sol. Espectacular! La viste?

S: Si bella, verdad?

A: Espectacular. Todavía se me hace muy extraño no verte. Como no puedes estar aquí?!

S: Porque SOY, si SOY el Estar es imposible. Tú estás en la tierra pero no eres tierra, yo lo soy todo-sin límite mas grande que el mar que viste, mas resplandeciente que el sol.

A: Si lo eres todo, pero en mi cabeza existe mi Sebi, mi niño adorado. Está mal?

S: Normal, fui y tú fuiste parte de mi ahora yo soy todo y tu eres parte de mi todo. Crece, te amo. Es tu misión crecer espiritualmente, lo demás ya te es dado.

A: No quiero trabajar, siento mucha responsabilidad pero me siento mal no yendo. Hace 6 meses te fuiste y no logro ser feliz. Qué hago? No trabajo hoy?

S: Mama, te he dicho: vive, eres responsable y si, estás saturada! Recuerda no eres ESENCIAL!

A: Si me puedo quedar en casa y relajar, Myriam (mi hermana) está aquí.

S: Más justificaciones? Ya, hazlo, no eres esencial. Cuídate, se, vive y regresa cuando estés lista.

A: Ok, si lo haré! Pero aún así siento la responsabilidad y un gran desasosiego.

S: Porque le das vueltas. Decisión tomada, se acabó! Que harás?

A: Desayunar con tu tía en "First Watch", caminar, respirar.

S: Ahí estaré con ustedes en mi antiguo 'job'.

A: Te gustaba el trabajo? La comida si, jaja!

S: No que va! Pero lo hice y estuvo bien, lo viví y ya!

A: Me tratas de decir algo con relación a mi trabajo?

S: Mamita, se feliz no le pongas a todo corazón, solo a lo bello. Trabaja, bella distracción pero tu no eres ese trabajo.

A: Si, voy a descansar, sinceramente lo necesito.

S: Quién no? Haz tu trabajo, da tu lección, ámalos y déjalos ser.

A: Déjalos ser? No, no se puede hacer eso en un salón de clase.

S: Lo sé pero te agobias si no hacen lo que pides, no te pongas presión.

A: Decisión tomada. No voy hoy!

S: Y toda esa pensadera para hacer lo que sabías debías hacer? Vive, los críos te estarán esperando mañana. Disfruta hoy y ya!

NO SOY TUYO, SOY YO, SIN ATADURAS NI DOLOR

A: Sebi lindo, hoy domingo te extraño mucho más. Me da dolor pero después pienso estás muy bien y ahora me ayudas. Eres genial pero extraño tu presencia. Gracias porque estás en "heaven". Estás súper bien.
S: Mami yo también te extraño mucho cuando no me ves. No me he ido. Entiéndelo, estoy contigo.
A: Si, es verdad pero a otro nivel muy superior. No veo tu sonrisa, tu cabeza sudorosa y tu cuerpo calientito de "osin" (apodo que le dio su prima por tener sus manos y cuerpo siempre calientes).
S: El cuerpo no está pero si todo lo demás. Ámame con tu corazón, se feliz por mí. Todo me duele si no tengo corazón.
A: No entiendo la última frase.
S: Cuando el corazón se cierra el alma se apaga, cuando se abre alumbra.
A: Por qué dices todo me duele sino tengo corazón?
S: Si vivimos sin corazón todo es dolor. Pero con El todo es amor.
A: Entonces que es corazón?
S: Corazón es alma, el estuche es corazón. No me duele porque el mío es libre, salió de su estuche y voló.
A: Nada te duele, ni mi dolor ni tristeza?
S: Mami, ojalá entendieras que el amor es paz, la paz es felicidad.
A: Y mi tristeza, te afecta?
S: Mamita me amaste y ahora que estoy grande me amarás más.

A: Te amo grande, chiquito, Titán, mi Sebi (TU)!

S: Si mami ámame, ámate y busca la paz. No sufras por nada, no es realidad.

A: Y mi dolor no es real?

S: No, es tu invención, no soy tuyo, soy yo. Me protegiste, me cuidaste y se terminó. Ahora soy yo, sin ataduras ni dolor.

A: Y yo?

S: Mi masterpiece, tenemos una bonita relación, te voy ayudar a amar y ser feliz porque te amo.

A: Soy tan afortunada? En realidad estoy contigo de esta manera? Eres mi ángel? Cuidas de mi?

S: Mom, si, velo por ti. Quiero verte crecer, tienes un 'don'. Yo te voy a ayudar.

A: Si mi Sebi, sigue conmigo eres y fuiste mi mejor regalo. Estoy llena de amor por ti. Te quiero apachurrar entre mis brazos.

S: Lástima que no puedes pero bendita que si puedes hablarme. Somos uno y el amor siempre nos unirá.

A: Pero si somos uno, por qué unirnos?

S: Porque el otro 'uno' no ha aprendido a amar como Dios manda.

A: Qué?

S: Silly girl, es fácil, UNO es TODO, TODO es UNO.

SIGUE A TU CORAZÓN, EL TE LLEVARÁ HASTA EL CIELO, AQUÍ ESTARÉ ESPERÁNDOTE SIN PRISA NI DEMORA.

A: Viste mi nueva oficina? Se me dio! Tú fuiste verdad?

S: Yo ayudé pero fue tu corazón el que te llevó allí. Tú sueñas y más y lo demás viene por añadidura.

A: Hoy he estado emocionada, por fin se me esta dando lo de mi propio negocio. Sigue ayudándome.

S: Sigue a tu corazón, el te llevará hasta el cielo! Y aquí estaré esperándote sin prisa ni demora. Haz lo tuyo, yo te velo!

A: Gracias love, gracias. Dime Sebi cual es mi misión? Que espera Dios de mi? Guíame

S: Mama, todos tenemos misiones, razones y objetivos. El tuyo es crecer, amar a Dios sobre todas las cosas y vivir en su fe. Libérate de tus miedos si el está contigo nada te va a pasar. Tú podrás vivir en paz pero a veces no ves. Eres una Einstein pero tienes tus pies en la tierra-muy terrenal, pero la semilla esta ahí lista para brotar. Riégala, logra tu paz espiritual y créelo: "Nunca te faltará".

A: Si papi, mi vida es linda, hasta tu partida lo es. No me preocupo por ti, tú cuidas de mi. Bendecida?

S: Y lo dudas? Soy todo, ya llegué al cielo, no sufro, no sufres. Me extrañas, me amas y me ves si quieres.

SOMOS UNO, YO GANE, TU GANASTE YO LO SE Y TU NO!

A: Aquí otra vez, escribiéndote y extrañándote. Fui a la sicóloga y me dice cosas bonitas de nuestra relación, ella cree, que opinas?

S: Te ayuda, tiene fe y conocimiento de tu 'don'. Quiere que te des cuente de lo 'lucky' (suertuda) que eres. Le enseñas.

A: Me dice que estamos juntos, me saca de dudas, me dice que es un regalo divino el que nos escribamos.

S: Y lo dudas? Mami, somos uno, yo gané y tu ganaste, yo lo se y tú no!

A: Love, quiero creer, soy débil, intolerante, me duele todo y a la vez soy afortunada. Ayúdame!

S: Si mami eres afortunada, deja el miedo y la desconfianza, nada te faltará.

A: Gracias bebe mío. Estoy yendo como muy seguido al casino. Está mal que vaya tanto allá?

S: Mom, no hay nada bueno o malo, solo el significado que se le dé.

A: Me distrae, me gusta, pero hay humo de cigarrillo y boto mi dinero. Dime?

S: No te digo nada, tu verás.

A: En serio Sebi? Dime algo.

S: Todo tiene límites, establece rutinas saludables y es mucho más bonito afuera.

A: Y estás conmigo ahí?

S: En todos lados, hasta en la jungla.

A: Jaja, pero que opinas?

S: Es más bonito afuera.

A: No eres nada concreto, dame una respuesta, silly boy (niño tonto).

S: Jaja, que yo decida por ti! No mama, es tu vida tu luz, tus sueños y realidades. Se feliz y afuera es mucho más bonito.

A: Ok, silly, smart boy. Got it! (Está bien niño tonto e inteligente, entendí!)

SE TE CRECIÓ EL BEBÉ. YA NO CABÍA EN TUS MANOS, SOLO EN TU CORAZÓN.

A: Hola mi niño!

S: Cómo estás mami?

A: Lo sabes muy bien, por qué me preguntas?

S: Para que te mires por dentro y respondas.

A: Quiero ser feliz, volver a sonreír pero y tú?

S: Ja! Ves? No soy tu tristeza ni felicidad. Soy tu luz ahora te puedo ayudar. Me amabas pero era tu angustia, ahora no soy angustia sino dolor? No mama, ámame por lo que soy, energía. Tu Sebi no existe pero yo si tu luz, tu corazón.

A: Pero amo a mi Sebi fue mi bebé estuvo en mis brazos, lo vi crecer.

S: Y crecí y me fui al cielo con Dios.

A: Si pero me dejaste un hueco en el corazón.

S: El que trato de llenar con cosas maravillosas, el universo es tuyo.

A: Y tú y yo? Nuestra relación?

S: Mami, fui tu hijo, te amé, lindos recuerdos, amor puro, esencia. Todo cambio pero ahora te amo mas, eres mi mamita y vas a crecer, no tengas miedo.

A: Cuando hablábamos eras mi hijo.

S: Jeje, se te creció el bebé, ya no cabía en tus manos, solo en tu corazón.

A: Siempre conmigo Sebi?

S: Siempre! Aquí no existe el nunca, siempre en tu corazón.

A: Me está ayudando la sicóloga, la meditación?

S: Si necia, dudas y pides refuerzos; por qué pudiendo ser grande? Mamita, ámate, cree en ti pero sobretodo en El señor, nunca te faltará.

A: 'Nunca te faltará' me lo has dicho siempre. Dios me ama, tengo que amarme.

S: Buena reflexión!

A: Ooooops me despiste! Gracias por ponerme atención.

S: Como tu lo hiciste conmigo. Siempre despistado. Anyway (de todas maneras) siempre obtuve la protección de Dios.

A: Le diste mucho trabajo a tus angelitos guardianes.

S: Y a ti mamita, empujándome siempre.

A: Si, que pecadito contigo.

S: No, así tenía que ser o no ando. Mami crecí, no soy tu preocupación y ya me cuidaste hasta que decidí irme. Gracias mama!

A: Eras hermoso! Recuerdas de bebé (3 días) yo peinándote? Me mirabas al alma y parecías silbando.

S: Lo hice toda mi vida, ese fue un gran amor.

A: Y ahora?

S: El mismo pero sin límite ni angustias, fui como las flores adoran el sol.

CARTA A MI HERMANO NICK

A: Mi Sebi, Nick quiere que te pregunte como llegar a su 'source.' Ha estado meditando pero no ha logrado penetrar en su propio ser. Qué le sugieres?

S: Mamita el tiene que aprender a SER.

A: Díselo mas fácil, quiere ver dentro de su ser.

S: Eso está bien pero tiene muchas capas para llegar al SER que es el 'source.'

A: Qué capas?

S: Miedos, culpas dudas e insensatez.

A: Cómo hace?

S: Capa por capa. Miedo a que Nick? Rejection? (rechazo). No importa si te amas. Nick qué quieres? Qué te detiene? Que tal si contestas eso antes de tu físico, busca tu ser ESPIRITUAL

A: Yo no entiendo, háblale a el.

S: De que tienen culpa otros si fuiste creado perfecto? Naciste con estrella y te sientes estrellado. Tienes talentos y dudas. Enfréntalo todo, VIVE sin preocupación, nada te pasará si te liberas.

A: Y cómo se libera?

S: Aceptando lo que eres, un ser perfecto pero que duda de su perfección y se fija en lo no dado y no en lo dado.

A: Uy, se lo diré, ojala entienda- yo no!

S: Nick te amo, ámate, usa tus talentos para obtener lo que quieres.

A: Algo más para tu 'big brother'?

S: Siempre te creí fuerte pero te escondiste detrás mío, fui tu escudo, puedo ser tu luz pero libérate. Naciste con estrella no estrellado.

A: Te pregunta también si tiene algún problema físico, quizás el páncreas?

S: Nope, ni siquiera el páncreas está mal. Solo tu cuerpo quiere enseñarte una lección. Ira? Por qué? Por lo no dado? Y que, si tienes las herramientas para obtener lo no dado?

A: Ay Sebi, no se si entienda yo no. Que mensaje le da el cuerpo. Háblale a Nick.

S: Todos somos esencia, tu eres cuerpo. Mira tu corazón y llénate de amor. Ama tu vida y lo que te tocó vivir. No eres rey pero eres soldado. Lo que sea eres y vales. Aprecia, agradece. Cuando naciste estabas predestinado a brillar pero tu inconformismo te opaca. Tu puedes brillar desde adentro hacia afuera. Llena tu corazón de amor, lo necesita. Aprende a amar y llegarás a tu "source."

Leí este mensaje a Nick y lo único que me dijo fue: "Tiene razón, me conoce muy bien. Entiendo perfectamente su mensaje."

EL LO ES TODO, LO EXISTENTE Y LO NO EXISTENTE LO QUE VES Y LO QUE NO VES

A: Hola mi Titán, como vas?... Es costumbre preguntártelo aunque ya me has dicho que eres felicidad y paz porque morir es vivir en paz!

S: Si mamita pero qué es morir?

A: Bueno aquí es cuando tu cuerpo se desvanece. Y para ti?

S: Es volver a vivir en la paz del señor. No he dejado de vivir, es la continuación pero a nivel espiritual.

A: No soy religiosa y esos términos me confunden pero me gustan. Pero...el señor... somos uno, etc. Es como de iglesia y poco fuimos.

S: No, no son religiosos. Son puros y claros. Son lo que son y lo que significan. Hablo de amor paz, fe y esperanza. Es eso religión o placeres humanos que nos negamos en la tierra? La religión es un nombre terrenal que quiere cubrir lo explicado. Somos seres de amor y a El hay que volver.

A: Y El...el Señor... ángeles? Qué es todo esto?

S: Nombres para todo lo que no entendemos pero todo es una sola cosa AMOR.

A: Y El, El Señor existe como tal?

S: Mom El lo es todo. Lo existente y lo no existente. Lo que ves y lo que no ves, la salvación, paz y AMOR.

A: Ok...no se que decir.

S: Nada que decir, ten fe, llénate de amor y lo conocerás a El. Vive aprende y ama sobre todas las cosas, agradece, crece y cree en el amor y en la eternidad.

MENSAJE CONCRETO

Llego al salón de clase 20 minutos antes de mis estudiantes. Como es ya mi costumbre saco de mi maleta una banana y una manzana que traigo de casa. Al colocar las frutas sobre mi escritorio veo una "S" perfecta impresa en la cáscara del banano (tal y como Sebastián la hacía).

Los estudiantes empezaron a llegar a clase y les pregunté si veían algo en la cáscara de la banana. Si, dijeron todos: "Es una 'S', la dibujó con marcador?" Les demostré que no lo había hecho mientras le pasaba un trapo mojado. Saludé al resto de mis estudiantes e intercambié algunas palabras con ellos. Volví a observar 'mi obra de arte' pero esta vez para encontrarme con una mancha negra y redonda.

A: Sebi, fuiste tú? Una 'S' perfecta, tal y como tu la pintabas. Hermoso!

S: Everyone is a masterpiece, hasta la banana (todo mundo es una obra de arte).

A: Gracias mi vida, fenomenal, me llenó de júbilo. Es tu 'S', inconfundible.

S: Mami, estoy siempre contigo, no dudes mas, estoy en todo; en cada amanecer en cada sueño tuyo. Siempre, siempre contigo.

A: Que bendición! Por qué? No todos tienen esa relación como la tengo yo contigo. Es un don?

S: Es verdad, úsalo, puedes verlo tenerlo ahora disfrútalo.

A: Te voy a buscar en todo lo bello. Te voy a pedir ayuda porque eres mi hoy y no mi ayer. Te molesto mucho?

S: Mami para nada, pero no te doy la manito porque sino no caminas.

A: Gracias mi Sebi, tratas de comunicarte, de hacerme ver. Soy necia, egoísta, etc. pero por ti voy a mejorar.

S: Es por ti no por mí, porque tu crecimiento es motivo de felicidad.

A: Tú ya eres feliz.

S: Soy felicidad, la quieres, la podrás tener.

A: Que es felicidad?

S: Vivir en paz.

EL AMOR ES BELLO SI AMARAMOS TODO SERÍA BELLEZA Y FELICIDAD

A: Gracias por la oficina, ya nos salió! Nos va a ir bien. Estás con nosotros.

S: Lo dudas?! Hasta Edgar quiere ayudar. Se fue cuando abriste la oficina (Mi hermano falleció el día que abrí mi negocio por primera vez, 10 años atrás) y yo antes de que lo abrieras, te damos el empujoncito porque te dejamos solita cuando más nos necesitabas.

A: I'll take it! (la tomo) y todas tus bendiciones. Te amo muchísimo.

S: Si mami, el amor es bello si amaramos todo sería belleza y felicidad.

A: Me voy...me regalas una frase?

S: Ama y se feliz!

A: I'll do (lo haré). Muaaa (besos) por la 'S'. Adoré ese regalo, Gracias!

S: Ja, ese es muy simple. Que tal las puestas del sol?

A: Si, pero eso es para todo el mundo, la 'S' para mi!

S: Ok, especial para ti.

A: Viste? Tengo razón!

S: Si, a veces te la dejo tener.

DIOS TE ALUMBRA EL CAMINO QUE QUIERAS RECORRER, TU LO ELIGES. SI VIENE DEL CORAZÓN ESTA BIEN, NO TE EQUIVOCASTE

A: Sigo emocionada con lo de la oficina.

S: Good mamita. Vive tu sueño hazlo realidad, todo saldrá bien.

A: Si mañana seguimos con el logo, tarjetas de negocio, propaganda, etc.

S: Bastante y todo positivo. Vas a decir...por qué no lo hice antes?

A: No estaba lista, no funcionó!

S: Miedos, pero sabes, 'nunca te faltará'. Cuando quieres puedes y ya es hora.

A: Creo que ni duro me va a tocar. Todo fluye.

S: Duro, cómo? Solo si no vas con Dios. Ponlo al frente de tu negocio y lo verás surgir.

A: Si, suena fácil ahora, pero antes como una responsabilidad tenaz!

S: Porque crees en ti, en que no te faltará y que tu 'monito' (mi hermano) tu 'osin' (Sebi) y DIOS estarán contigo. Dios te alumbra el camino que quieras recorrer, tu lo eliges. Si viene del corazón está bien, no te equivocaste.

A: La gente, la energía parece fluir. Re-bien!

S: Feliz por ti. Nunca te desanimes. Tu puedes carajo! como diría Edgar.

TÍO EDGAR

Edgar, mi hermano (el quinto entre cinco hermanas y un hermano) fue un tío fenomenal. Cada viernes después del trabajo nos encontrábamos todos en casa de la abuelita. Ella nos esperaba siempre con una deliciosa cena y Edgar con juguetes, libros y golosinas para sus sobrinos. Yo me dedicaba a hablar o ver televisión con mi madre, mientras mi trío jugaba con Edgar. A Sebastián le encantaba pintar y junto con Edgar pintaban por horas mientras escuchaban música de 'The Beatles', de los 60's y 70's. Cuando Sebastián tenia 8 años, su tío favorito, murió repentinamente de un ataque al corazón. Todos quedamos devastados, ya imaginarán a mi pobre madre.

A: Ves a mi hermano, tu tío Edgar? Se reconocieron? El te adoraba!

S: Je-es un espíritu libre creativo y claro que me reconoció y yo a él. Feliz de verme. Feliz de que yo soy yo, no le gusta lo mundanal.

A: Lo quise mucho, lo empujé mucho también, hasta lo saqué de su hábitat.

S: Tu no hiciste nada. Lo guiaste y se dejó llevar, era mas fácil que resistir, el decidió.

A: Dile que lo amo, fue muy lindo hermano. Que dolor cuando se fue aunque entendí que era débil para acá.

S: Era, fue, ya es un 'duro', fiel, imaginativo y popular.

A: Eso me suena a terrenal.

S: Ja- lo único que se trajo, el resto lo dejó.

A: Lo amé, te amo. Ustedes son ángeles?

S: Palomas, sabemos volar. Libres como el viento, vuelo sin límite, Todo!

A: Entonces yo cumpliré mi misión y nos vemos y volamos juntos?

S; Si, el cielo nos será chiquito. Tu alma y la mía llenarán el universo.

A: Ok love, hopefully soon (Ojalá pronto).

S: I' ll see you in heaven, I feel you now! (Te veré en el cielo, te siento ya!).

COMPARTO MIS ESCRITOS, SEBASTIÁN?

A: Hi, mi ángel. No sé si transcribir mis escritos pero a veces creo que son solo para mí. Crees que debo compartirlos?

S: Mom, es lo que Tú quieras. Comparte, guarda, haz lo que desees.

A: Me encantaría compartirlo pero creo que no todos lo entiendan. Definitivamente mis hermanas, mis hijos, George y dos amigas están fascinadas. Por ahí otros dicen que me volví loquita de dolor por ti, que perdí la razón y que estoy de manicomio.

S: Te gusta que yo responda por ti, pero eres tú quien siente y debe, no yo.

A: Pero tú eres sabio y yo no.

S: En tu corazón tu mandas, viene de adentro.

A: Ok, comparto o no?

S: Uyyy que necia, haz lo que te diga el corazón!

A: Todo es bello, sublime y fenomenal. Trato de simplificar pero todo es bello.

S: Es la realidad del amor. Eso es vida, eso es fe. Lo demás es tontería.

A: Entonces escribo un libro sobre nuestros diálogos?

S: Los dones son atributos dados a cada uno de los hijos de Dios. Los tuyos benditos basados en el amor. Eres bendecida, talentosa, tu sabiduría será para beneficio de muchos, insensatez para otros. Tu vida es vivir las artes y experimentar el amor y no lo físico. Tus talentos son enriquecimiento para quien busca el pan de cada día".

A: Gracias! Por fin eres claro.

S: Lo soy?

VES MI PARTIDA Y NO MI LLEGADA, MI SUFRIMIENTO Y NO MI ALEGRÍA, MI INESTABILIDAD Y NO MI ILIMITABILIDAD.

A: Mi niño, que debo de hacer? Qué quiere Dios? Qué quieres tú de mí?

S: Mom esa pregunta es todo y es básica. Dios quiere tu fe, que sientas su amor y que vivas sin miedo, que lo reconozcas en tu alma porque quieres la paz. Si tu eres paz y amor, eres el mejor regalo para la humanidad.

A: Si pero tengo responsabilidades, trabajos, hijos, marido, familia.

S: Tu trabajo es enriquecer la fe, crecer, creer, lo demás son distracciones.

A: Pero tengo que responder a todo.

S: Mama, cuida tu espíritu y lo demás viene. Ama, ten fe y vive en el amor.

A: Creo que entiendo. Si mi fe es 100% el resto está bien?

S: Pues obvio! 100% es celestial. Tu eres una ovejita perdida de su rebaño que no le gusta estar sola pero ahí es cuando en realidad se encuentra.

A: Ay Sebi, no es fácil entenderte. Entonces la tierra es lo opuesto del espíritu?

S: Pues mal y bien porque así lo sientes y mal porque así no es. El espíritu eres tú, la tierra es el lugar, el espíritu es libre no tiene lugar. La tierra es un eje o una dimensión, un satélite que gira alrededor; tu alma es el universo, tu corazón la sanación. Tu fe es la gravedad tu falta de fe, dolencia. No eres cuerpo, eres espíritu pero no libre. Para liberarte debes de luchar contra lo que consideras normal. Normal es el amor el resto es película hecha por ti. Entiende que la vida es breve y la debes amar. Todo lo que te es dado es un regalo, ámalo, disfrútalo, ve lo bonito porque eso es.

A: Todo bonito? Hasta tu partida la debo ver bonita?

S: Si, pero tu ves mi partida y no mi llegada; mi sufrimiento y no mi alegría, mi inestabilidad y no mi ilimitabilidad.

A: Claro, porque te tuve y ya no te tengo (llanto).

S: Quién dijo que no? Aún no crees mama, somos uno. Estoy en ti, ámame pero como Dios manda.

A: Cada vez es mas claro pero mas difícil que tú me entiendas.

S: Si la vida y la realidad son dos cosas diferentes. Vives para subsistir. La realidad es subsistes si vives. Vivir es creer en Dios, tener fe y convertirse semejante al creador.

A: Sebi, mucho para mi. Gigante, inmenso y yo soy tierra. Tengo que cuidar de los míos, trabajar.

S: Eso lo cubre la fe.

A: No hago nada?

S: Por el contrario, hazlo todo con fe. Dios no te desampara. Hazlo sin miedo, con fe y con seguridad. La fe mueve montañas.

REY MIDAS

A: Hoy tengo en mi mente mi frase favorita: "Nunca te faltará". Gracias por repetírmelo siempre, eres una bendición.

S: Gracias por hacerme bendición, tu lo elegiste.

A: Sip, pero te extraño.

S: Sip, pero no debes. ☹

A: Es que eres una hermosura de niño.

S: Pero crecí y ahora soy mas grande que el mismo Midas.

A: Midas era grande y ambicioso.

S: Pero creyó y logró su meta.

A: Creyó en si mismo, pero se le fue la mano!

S: Crees?

SÉ LIBRE

A: Hola mi niño, hoy me duele un poquito menos tu ausencia.

S: Así tiene que ser, si amas algo déjalo libre. Te amas?

A: Uy si, me dejo libre? Cómo?

S: Libérate mamita, ámate. Vives con miedo y con cautela. Para eso son los sentidos. Todo es dado.

A: Amo tus escritos me ayudan a crecer, reconozco que a veces me cuesta.

S: Aquí estoy siempre, y más para tu crecimiento. Te amo mami!

A: Y yo a ti mi gigantón, mi Titán.

SOY ALMA, LIBRE, ESPÍRITU, LIBERTAD. QUE MÁS DESEARÍAS DARLE A TU HIJO?

A: Hola mi niño adorado, hace cinco meses que te fuiste? Cómo ha sido este tiempo para ti?

S: Mom! Fabuloso, divino, perfecto!

A: Soy terrenal. Yo extrañándote y llorando porque no me acostumbro a no tenerte. Entiendo la gran diferencia entre aquí y allá. Tú y yo.

S: Si aquí no hay angustias ni penas, solo amor. Será que puedes solo amar?

A: Me preguntas a mi? Yo que se!

S: Que tienes un corazón y tu eliges. Me amas y sonríes porque lo soy todo o lloras y te agobias porque no estoy a tu lado físico.

A: Si-te amo-sé que estás bien, eres TODO. Pero es normal que aún siga con el dolor. Fuiste un regalo palpable, ahora no te veo, no te toco y en la tierra eso es importante.

S: Ese es el error – lo palpable no es lo que vale, lo que vale es el amor. Puedes guardarlo en una cajita? El amor te hace libre porque se SIENTE y no se POSEE.

A: Te entiendo. Si y muy claro pero aún no deja de doler. Por qué? Si el mejor regalo para mi es saberte bien y lo estás. Por qué me duele tanto?

S: Porque quieres poseer. Es cuestión humana. Está bien si quieres disfrutarlo pero no te hagas dueña.

A: De qué hablas? Me perdí!

S: Del amor. Yo soy amor y no soy tuyo pero me puedes amar sin ser dueña del amor: 'Yo'.

A: No sé que decir.

S: Que me amas y que te liberas. No necesitas poseerme para amarme. Se libre, yo lo soy.

A: Ok mi bello niño a veces siento que olvidas que soy una madre y me duele no abrazarte.

S: Pero sabes que soy felicidad, la máxima! Se feliz, yo lo soy!

A: Sebi, extraño tus abrazos. Tu sonrisa y es normal. No seas tan fuerte conmigo.

S: Fuerte?! Te digo que ames, eso es todo, te liberará!

A: Sebi, tu me entiendes.

S: Si y no. Sabes que soy felicidad pero extrañas mi debilidad.

A: No, a mi Sebi!

S: Tu Sebi cumplió su misión. Ahora es grande como un Titán. Me amaste cuando fui tu bebé, cuando crecí y me hice hombre ahora ámame cuando en realidad me hice "YO"! Nada ha cambiado, sigo creciendo pero ahora a nivel espiritual.

A: Y yo? No crezco?

S: Mami eres necia. Quieres ver pero te tapas los ojos. Créelo, es así de bonito, no tiene porque doler.

A: Entiendo, si soy necia pero tienes razón, no tiene porque doler- me gusta, pero puedo?

S: Solo el amor puro te liberará. Soy alma libre, espíritu, libertad. Qué mas desearías darle a tu hijo?

A: Nada-lo eres todo y seré feliz por ti. Ayúdame.

S: Siempre mamita, ya vas a crecer.

AMOR O DOLOR?

A: Hola mi Sebi hermoso! Pensándote con mucho amor. Estoy entendiendo más que eres lo que todos queremos ser. Si, te extraño pero eres paz y me das paz.

S: Mamita no debe de ser de otra manera, solo unámonos y ya está.

A: Leo tus escritos y los tuyos son solo amor. Los míos dolor, llanto, tristeza y pues no debe de ser. Tú eres y fuiste muy lindo y no te quiero aquí.

S: No, sería un pez fuera del agua y ahora soy un cóndor que vuela mas allá de todo horizonte.

A: Literalmente? Jeje!

S: Soy lo que quiero ser porque nada me limita.

A: Sebi, tu último escrito me cambió! Me dices que mas quiere una madre que saber su hijo felicidad paz e infinito. Eso eres; no sufres, no sufro. Te amo – Oh Dios tanto! Muy, muy especial.

S: Si mama soy hijo de Dios y tu también lo eres. Mi bendición es tu bendición, tu amor es mi amor tu dolor es solo tuyo. Tu lo escogiste.

A: Si lo sé! Si mi fe fuera gigante no me debería doler tu partida. Pero créeme que estoy aprendiendo.

S: Por tu bien mama, puedes ser felicidad. Despierta de la fantasía, la realidad es el amor.

A: Pero si ves? Tu estás allá eres felicidad estoy acá y duele. Tu te fuiste, yo me quedé. Allá lo obtuviste todo aquí solo dolor. Me entiendes?

S: Claro que entiendo. Yo morí y subí, yo cumplí. Tu cumple lo tuyo pero tu decides si maldecida o bendecida. Se que no eres celestial cuando eres terrenal pero se que puedes amar y estar feliz. Vive con fe y vivirás bien.

A: Tan simple?

S: Bien, noble, pureza, amor, paz, lealtad a ti y con Dios-todo esto es bien.

A: No dijiste LOVE

S: Es obvio ya para ti.

A: Sigo queriendo oír todo de ti.

S: Oír o sentir?

A: Te amo mi Titán. A veces me regañas.

S: Mama nunca. Tu estás intentando fuertemente a acostumbrarte a no tenerme y entender, eso es divino y lo he de admirar. Pasitos pequeños pero todo lo vale.

A: Crees que pueda en esta vida? Lograré amar como debo o tendré que morir para vivir en paz?

S: Mom, consiste en vivir en paz. Tu momento en la tierra puede ser sublime o miserable. Llénate de amor y verás que bien te va. Aquí vendrás, pero el después no es tu interés. Tienes un tiempo. Qué vas a hacer? Vivir, amar, gozar como Dios manda.

A: Cómo manda El?

S: PAZ-AMOR una es la otra. Lo escribe por ti AMOR.

A: Estoy aprendiendo mi Titán. Estoy feliz por ti, eres descanso.

S: Así tiene que ser. Si amas algo déjalo libre. TE AMAS?

A: Uuuy. Me dejo libre – Yikes! Cómo?

S: Libérate mamita, amate-vive sin miedos y con cautela para eso son los sentidos. Todo es dado.

A: Mucho que analizar. Pero si, el amor puro me lo hará entender y tu ayuda!

S: Aquí estoy siempre y más para tu crecimiento. Te amo mami-te amo.

A: Y yo a ti mi gigantón. Amo tus escritos, me ayudan a crecer.

S: Si cuenta con eso y conmigo.

UNA ROSA EN LODO

S: Hi, my love! (Hola, mi amor)

A: That's cute! (Eso es tierno)

S: So are you! (Así eres tú) Como una flor en lodo.

A: Pero yo estoy en lodo?

S: Pero eres flor!

A: Me sigue sin gustar.

S: Bien, eres flor!

A: En agua pura, mejor.

S: Si no te ahogas.

A: Sebi, me confundes!

S: Mama eres flor, eres bella, lodo... agua...Tú eres la flor.

A: Yo soy yo?

S: La flor, belleza tú! Qué importa lo demás si tu floreces?

A: Ok. Yo!

S: Si eres la flor esa es tu responsabilidad.

A: Ok, suena mejor. Ja! Una flor en lodo, me dejas pensando!

S: Lo sé!

LA CULTURA MAYA

A: Mi niño hermoso, estamos estudiando sobre la cultura Maya. La salvación es el cambio espiritual colectivo?

S: Mom, todos lo saben pero no lo quieren ver. La salvación es a nivel espiritual.

A: El Apocalipsis, todo eso?

S: Ja-ja mom, eres responsable de tu propio desarrollo y no el de la humanidad. Créeme el tuyo para ti es suficiente!

A: Tienes razón. Wow, nos hacemos mucho daño; guerra-petróleo, contaminación. Me afecta, me deprime.

S: Vive, crece y alimenta tu espíritu. Recuerdas la rosa en lodo? La rosa es tu interior, el lodo es lo otro.

A: Tan linda? Una rosa?

S: Si, riégala, que bendición! Tú lo eres para mi.

A: No, te equivocaste, es al revés! Tú eres mi bendición.

S: Somos uno! Se puede negación y bendición?

A: No, solo bendición.

ERES LIBRE DE AMARME O DE LLORARME. ELIJE Y RECUERDA QUIEN SOY YO!

A: Gracias a Dios y a ti porque he vuelto a sonreír. Tengo una ilusión con mi nuevo trabajo, por cada momento, gracias!

S: Mamita, cuando agradeces, ves. Todo es para ti y para tu crecimiento.

A: Tengo ilusión y pues amándote y tratando de sentir tu presencia aunque no te vea. Estas aquí, en la casita conmigo?

S: Mi espíritu siempre esta contigo.

A: Cómo lo siento? Cierro los ojos? Te imagino? Qué hago?

S: Sentir, estoy en las lágrimas (en ese momento caían sobre mis mejillas), soy esencia. Estoy en ti y en el universo.

A: Estás como un Dios, que más puedo pedir?

S: ACEPTACION. Ya no soy quien era, crecí y volví a mi hogar. Lo soy todo mami, yo no tengo limitaciones.

A: Está claro mi amor. Tú en heaven (el cielo) yo en la tierra creciendo, encontrándome, aprendiendo a sentir y en convertirme en un ser espiritual.

S: Yo no soy tu preocupación, tú eres la tuya. Eres libre de amarme o de llorarme. Elige; y recuerda quien soy yo.

A: Hijo de Dios, mi ex-hijito lindo?

S: Nunca dejaré de ser tu hijo, fue nuestra misión pero soy del cielo y a el volví.

A: Difícil para los que quedamos; se nos van los personajes principales de nuestras vidas y nos sentimos incompletos.

S: Porque asumimos roles que no nos corresponden. Cría a tus hijos y déjalos volar, yo volé lejos, volví a casa. Tu misión no es de poseer. Haz tu rol y libera a los otros – no te pertenecen.

A: Si, es verdad: mis hijos, mi esposo, mi casa!

S: Mi bebé – si fui tuyo; te necesitaba, me cargabas. Aprendí a volar y nada me detuvo. Mi paso por la tierra terminó. Estoy aquí libre como el viento, no soy de nadie, SOY YO!

A: Y yo? Quién soy?

S: Un ave en la tierra que puede volar y no lo sabe.

A: Por qué no lo sé? Por qué no puedo?

S: Porque hay paredes y las alas no se pueden extender.

A: Cómo hago para quitar esas paredes?

S: Vivir sin prejuicios sin cadenas sin querer poseer.

A: Yo sola? Y lo demás; trabajo, responsabilidades, tener que proveer?

S: Todo lo tienes que hacer pero con amor y no serán responsabilidades. Nada te pertenece.

A: I don't get it! (no entiendo).

S: Todo puede ir y venir y no te debe de afectar. Nada es tuyo, no hay emociones si no están, porque estás Tú, tu esencia. Todo te lo quitan y sigues siendo rica, me fui y sigues siendo Tú. Tu casa, tu trabajo se van, al final quedas Tú, lo único que posees.

A: Si, ya entiendo y me gusta. Las responsabilidades o propiedades se van o se quedan y da igual-no me cambian si soy yo. Si?

S: Uy, alumbramiento – Ahora liberación!

A: Eres magnífico-te amo mi Titán!

S: Eres mi masterpiece!

A: 'Mi' masterpiece – es posesivo!

S: Yo si poseo.

A: Ey, como así, no es justo, silly boy!

S: Lo es. Porque siendo TODO, TODO es tuyo.

A: Ok – deep- but I got it! (Profundo- pero entendí)

MOM, PREGÚNTALE A SEBASTIÁN
CARTA A ESTEBAN (hermano menor)

A: Hola mi Sebi, Esteban me dice que te pregunte algunas cosas.

S: Te dije que lo haría cuando estuviera listo.

A: Dice que le duele mucho tu ausencia, que hace para que no sea así?

S: Mama, el no debe de preocuparse de nada, solo ser fabuloso noble y no tonto como yo.

A: Mi niño, tonto tú? No digas eso!

S: Fui débil y temeroso, me sentí poco y fui bueno.

A: Nunca tonto... eras bueno, los sabes, lo sé!

S: Me faltaba lo que tiene Esteban; carisma y rectitud.

A: Love, le puedes hablar a él, le duele tu ausencia, háblale!

S: Estebitan, eres bendecido el benjamín de la familia y querido por todos.

A: Y cómo hace con tu ausencia?

S: Fácil, CREE. Yo tenía una misión tu tienes la tuya. Me fui pero te dejé mi espíritu y una luz brillante en ti. Tú brillas y yo brillo. Te la dejé a ti mi hermanito chiquito.

A: Esteban dice: "I don't want to be sad anymore when I visit places where we were together" (no quiero estar triste cuando visito lugares en los que estuvimos juntos).

S: Recuérdame con alegría y sin dolor estoy en ti, vivo por ti, dejé mi luz en tu cuerpo, soy esencia. Esteban, mom te ama y ve mi luz en ti. Cada abrazo que le des se lo doy yo. Ella añora los abrazos que ya no recibirá de mi. Tu luz es mi luz, yo la dejé ahí.

A: Si estás presente en Esteban, escogiste uno fabuloso!

S: Fabuloso como yo, mucho amor.

A: Wow, a el no le dices que crezca, ni se libere ni nada. Por qué?

S: Porque esta bendecido y ama bien.

A: En serio, todo bien? Puede mejorar?

S: Que no se sienta mal si no estoy. No hay culpas solo el derecho a ser feliz. No hay justificaciones solo vivir y crecer en fe.

A: Sebi, se me hace que ves a Esteban casi perfecto y me aterró siempre darle tanta responsabilidad de satisfacer este prototipo, tu también?

S: Mom, el ama bien.

A: Lo amas?

S: Suficiente para darle la llama de mi luz, somos hermanos, pero de verdad!

A: Me encanta, mucho amor.

S: Cuidó de mi, lo preocupé, me quiso y fue como un hermano mayor.

A: Es también como el cielo? Tan especial como tú?

S: El es bendecido de Dios, su misión es muy bella, lo verás!

A: Oh God, de veras que Dios me dio tremendos regalazos.

S: Que si que! Mom, no solo tus hijos tu también eres bendecida.

A: Le digo algo más a Esteban?

S: Ya mama, no más. El está bien, déjalo, el tiene sus medios.

ESTRELLA FUGAZ

A: Te vi ayer, una estrella fugaz. Bella, gracias!

S: Te me estabas poniendo tristona, te alegró?

A: Es demasiado bello, eres todo eso? Así de grande.

S: Mama, lo soy todo.

A: Es tantísimo, antes tenía un pedacito de ti mi niño. Esto es muy grande!

S: Lo sé y es para ti. Todo el universo es tuyo, no lo limites con pensamientos limitados, es muy grande, es 'boundless.' (ilimitado)

A: Pensar en grande, pero somos tan pequeños.

S: El cuerpo, mas no el espíritu.

A: Sufriste aquí?

S: Mom fue duro ser Sebi. Mente y espíritu eran diferente, no cabíamos en el mismo cuerpo. Me salvé viniendo aquí. Tú viste y me entendiste mi sufrimiento. Mama, ahora soy libre.

A: Y me quedé sin ti! Y me dolió mucho.

S: Mom, sabiendo que sufría?

A: Si, soy humana y tú eras mi bebé. Te amé-te extraño

S: Mom no digas que lo sientes, sufres, lloras porque me fui. Sabes que estoy bien y que tú vas a estar bien.

A: Es nuestra comunicación así de bella. Es cierto?

S: Mom todo es lo que quieras que sea. Estamos juntos en la eternidad.

A: Y en la tierra?

S: Como en el cielo!

CREE EN EL PODER DE DIOS Y NO DEL HOMBRE

A: Mi Sebi bello ayúdame a crecer. Me dices, me hablas y aún no se como. No puedo!

S: Mom es tan simple, es FE!

A: Cómo lo hago, cómo creo, cómo me libero?

S: Cree en el poder de Dios y no del hombre.

A: Cómo entreno mi mente? Sufro, me siento mal por todo, dudo, me agobio, me duele todo y a la vez todo es lindo. Lo se pero como lo aprecio si hay dolor?

S: Hay dolor porque no hay fe.

A: Dónde, cómo me libero?

S: Mom, vive tu vida, no temas a nada, no sufras y sobretodo con cosas que no han sucedido. Vive feliz, trabaja, llega a casa, disfruta tu hogar y el momento. El momento es lo que vale. Amate valórate, está siempre con Dios.

ESCUCHA TUS SENTIMIENTOS, TE HABLAN

En la escuela donde trabajo me ofrecieron enseñar una clase avanzada, a nivel de universidad. Esta requería esfuerzo, dedicación y representaba mas responsabilidad y dinero para mi. Me interesó aunque sabía que no iba a ser fácil pero valía la pena intentarlo. En el momento de firmar el contrato me di cuenta de que iba a dictar la clase pero el salario iba a ser el mismo. Se lo dije al principal y solo me dijo: "ahora no podemos subirle el salario, no tenemos más alumnos registrados". Estuve en desacuerdo y se lo dije, pues la responsabilidad era mucho mayor y no recibiría ningún incentivo económico. El insistió en sus razones y yo acepté. Salí de su oficina, histérica y frustrada. Acepté este arreglo aun sabiendo que era injusto. Por qué acepté?! Dicté la clase y aunque lo hice bien, nunca me sentí a gusto. Fui en contra del amor.

A: Por qué me tiene esa clase así de emocional, me saco canas, por qué?

S: Tu lo aceptaste, poco a cambio de mucho, hasta tu salud mental. Fue en contra de tus expectativas. Te golpeó duro, aprende!

A: Si pero por qué me afectó tanto, por tu ausencia también?

S: No, no, tu aceptaste y te dolieron las entrañas. No le hiciste caso a tus sentimientos. Por qué aceptaste?

A: Por miedo a perder el trabajo?

S: Hubieras obtenido otro mejor!

A: Ya me ves, enojada conmigo misma. Tienes razón, no me valoro. Acepto tratos que no me gustan y entrego todo y espero nada. Por qué? Qué hago? Cómo cambio?

S: Mom progresa, corrige errores aprende. No aceptes nada por compromiso, solo por amor, sin miedo, confusión.

A: Si, nunca me gustó la idea y dije que si!

S: Aprendiste? Lección aprendida. Mama vales, porque otros lo saben y tú no?

A: Qué hago en esta situación, ya me metí!

S: Responde y aprende.

A: Soy necia, verdad?

S: Y me lo dices! Como tu ninguna, chica Tauro.

A: En serio? Signos zodiacales?

S: Naciste un día especial, eres especial, nada es coincidencia.

A: No Sebi entonces sería excusa. Cómo me hago mas fuerte?

S: Mom, todo se siente. Pregúntate que quieres, que mereces. El corazón habla y no escuchas!

A: Desde el principio no me gusto, sentí rabia, injusticia pero acepté.

S: Ahora responde y no lo vuelvas a hacer. Escucha tus emociones. Trabajas duro y esperas poco. Por qué si das mucho? Es inigual; la balanza la pones en contra.

A: Uy, tienes razón!

S: **Your inner voice is wiser than you. Listen to it! (tu voz interna es mas sabia que tu, escúchala!)**

A: Ok sir! I love you. Me regalas la frase de hoy?

S: El amar es divino, el dar es recibir. Que recibes?

A: Lo que doy?!

S: No! Lo que mereces por no amarte más!

INTENSIFICA ESE AMOR
COMO UN CIEGO QUE LO ESCUCHA TODO

A: Aquí estoy de nuevo buscándote, en el aire, naturaleza pero todo es muy vasto y es difícil.

S: No mama, lo soy todo, sin límites.

A: Pero difícil para mi verte.

S: En tu corazón, ahí estoy!

A: Siempre has estado ahí, pero te veía, te besaba.

S: Es cierto, entonces intensifica ese amor como un ciego que lo escucha todo.

A: Se acabo tu angustia, verdad?

S: La paz tuya vendrá cuando me ames como yo a ti.

A: Tu angustia terminó porque no estás aquí pero yo si lo estoy.

S: Estás segura de que esa es la razón de tu angustia y no tu falta de fe? Si creyeras y te liberaras no estarías angustiada.

A: Ok, quizás pero como llegar hasta allá si tengo tantos lazos, con el trabajo, dinero, responsabilidades, etc.

S: Vive pero míralo todo diferente. Trabajo; bendición, los lazos necesarios para tu crecimiento; responsabilidades tus razones. Todo pero con fe y no miedo.

A: Todo es lo que tiene que ser pero depende de como lo veo?

S: Sip, tu le das el significado. Ya sea alegría o infortunio.

A: Y tú que eres?

S: Fortuna, bendición/maldición.

A: Uyyy por qué esa palabra?

S: Ves? No te gustó, pero tu escoges!

A: Fuiste una bendición y lo eres, solo amor.

S: Tu significado - la situación es la misma!

A: Got to go! (me tengo que ir!). Me regalas una frase bonita?

S: Es lo que es, tú verás como lo ves. Nada es coincidencia.

A: Ey, te dije una frase!

S: Quítale el punto y tienes una.

A: Wise boy, tqm (niño sabio).

UNA FLOR

Sebastián me regaló una planta de día de madre el año anterior a su partida. La planta era muy bonita y daba unas flores rosadas espectaculares. Fué bella por unos cuatro meses pero después comenzó a decaer y no dio mas flores. Quise deshacerme de ella pero pensé que algún día renacería. Paso el tiempo y simplemente la planta se secó. La dejé en mi patio como símbolo de Sebastián, su último regalo de día de madre.

A: Sebi! La flor, renació! Que bella, eres tú?

S: La viste? Todo es bello, la creación de Dios.

A: La vi con mis ojos y con mi corazón, tenía una gota de lluvia.

S: Bella, el color – la creación de Dios.

A: Para mi?

S: Todo el universo lo es – La viste!

A: Estoy empezando a ver? O Dime como y yo lo hago!

S: Segura?

A: Si, lo que venga de ti!

S: Hasta sacrificarlo todo?

A: Que es todo? (sentí angustia).

S: Miedosa! Te asustaste, crees que te pido algo excepcional. Solo amor, eso es todo!

A: Ayyy, disculpa. Entiendo amor del puro.

S: Mamita, todo con el corazón y que bien te va!

CÓMO ES 'HEAVEN'?

A: Mi Sebi hermoso, tantas bendiciones. Nick con su música, Esteban llenándonos de alegría y satisfacciones por todos sus logros, la casa, la relación entre dad y yo y esta vista tan bella al frente mío (mi patio, lleno de árboles y flores hermosas). Gracias!

S: Mama es todo tuyo sin poseerlo, velo, gózalo, vívelo e incrementa el momento de aleluya. Todo es de Dios y te es dado. Amalo y velo con el corazón.

A: Te amo mi niño-me duele mi interior-mis entrañas y si, eres TODO. Te amo, me duele, mejoraré!

S: Claro que mejorarás, pon atención a tu fe; détente, piensa, para y verás que todo tiene sentido. Somos hijos de Dios y a El volvemos. Todo son ratitos, los gozas o los sufres. Ya ves las plantas, antes no!

A: Qué tiene que ver? Si son bellas, divinas perfectas.

S: Eso es poquito comparado con el reino de Dios, pero lo ves, prepárate para la inmensidad.

A: Escribes tan lindo! Yo no tanto, verdad?

S: Mami aprendes, todavía te duele porque no entiendes. Sabes que estoy con Dios pero quieres verme. Por qué no crees y ya?

A: Lo creo, lo sé. Pero auuuchhh, duele tu ausencia! Se que me contradigo pero es duro porque... eras mi vida!

S: Y tú quien eras, mi mamá? Sigue siendo tú, mi mamita pero ya no es igual. Uno de los dos está en el cielo el otro en la tierra. Y que mas da si somos UNO?

A: Tú eres grande y estás con Dios en heaven, y yo?

S: Estás con Dios en la tierra. No lo ves y eso es lo que te cuesta pero lo puedes sentir y es igual.

A: Dios lo es todo, creo en el porque veo toda su creación perfecta. Y tú?

S: Yo? Soy yo! Libre como el viento, viviendo su creación.

A: Cómo?

S: Siendo yo, oyendo, sintiendo, siendo el universo, no tengo limitaciones.

A: Cómo es 'heaven'?

S: Glorioso, fantasioso, perfecto, armonioso, pasivo TODO.

A: Y cómo es donde yo estoy?

S: Como tu quieras que sea. Todo te es dado solo busca la paz y la encontrarás en la fe. Ve y te va bien. Se feliz, es TU misión!

EL LODO SE LLAMA OBSTÁCULO, EL OBSTACULO LO CAUSA EL MIEDO EL MIEDO LO ELIMINA LA FE

A: Háblame bonito quiero empezar el día con tu sentir y no el mío (me duele).

S: El mío? A que te refieres?

A: Que lo ves todo fabuloso o es perfecto.

S: Y no lo es? Mira al frente tuyo (mi jardín lleno de flores hermosas) te ves? Ves tus piernas, sientes el aire, oyes las aves? Estás viva, es maravilloso!

A: Si, lo se, quería oírlo de ti.

S: Refuerzo para lo que es obvio? - Es bello todo y aún mas lo que te tocó a ti. Mira todas tus bendiciones y yo soy una de ellas y mas del cielo que de la tierra, bonito, verdad?

A: Si, todo lo que dices y viene de ti, lo es!

S: Ves?! Y te quejas y te lamentas porque me fui.

A: Porque en la tierra también eras bello y te veía!

S: Y ahora me amas, me escuchas, te guío, ilumino tu camino y te voy a enseñar a amar como se debe.

A: Si, enséñame, soy buena estudiante y tengo dedicación.

S: Ja ja, ni eso se necesita, solo fe, el resto viene por añadidura.

A: Tengo mucho que aprender, verdad?

S: Mom, no es aprender es sentir - vivir en la fe y en la paz. No te preocupes de nada, estás en las manos de Dios.

A: Me llenas de amor, esperanza. Cómo me mantengo así? A veces caigo en depresión y dudo.

S: Sal de la depresión, llénate de mi- El Amor. Amate a ti sobre todas las cosas, eres hija de Dios, el tiene un plan divino. A qué le temes?

A: A mi debilidad! Al lodo aunque sea flor!

S: El lodo se llama obstáculo el obstáculo lo causa el miedo el miedo lo elimina la FE. Cree que todo se te dará, tu plan es divino 'bella flor.'

A: Wow! Me haces sentir grande, digna hasta mucho de mi!

S: Por qué no mama? Por qué piensas menos que eso? Eres fenomenal, eres TU!

A: Todos los seres humanos lo somos y no lo sabemos.

S: Lo sabes tú o te ves insignificante?

A: Me veo chica (shame-verguenza).

S: Y no lo eres. Eres una obra de arte y tú le das el valor.

A: Contigo, tus enseñanzas, de la mano de Dios: PRICELESS!

S: Lo eres, **vive como si lo supieras.**

A: Gracias bebe mío, te amo. Eres...fabuloso!

S: Tu también mamita!

NO POSEES NADA - SOLO TÚ Y ESO ES TODO

A: Hola mi niño hermoso. Gracias a Dios por este día, mis sueños y por ti- nuestra escritura – Me ayudas?

S: Si mama te ayudo a ver lo que posees, está bien.

A: Uyy tu me dices que ame sin poseer –ah?

S: Jaja, no posees NADA solo tú y eso es TODO.

A: Ok, wise guy, nunca te gano!

S: Ni compitas pues yo SOY, tu eres emociones, yo soy amor.

A: Humm, mi parte no suena bonita.

S: Es cierto el amor lo vence todo y eso soy yo.

A: Yo también quiero ser amor.

S: Solo entrega tu corazón y vive.

A: Así, nada más?

S: Si! Puedes entregarlo todo y seguir a Dios?

A: Me suena bíblico difícil de lograr; que hago con la familia, responsabilidades, vida en general.

S: El es vida. Digo que vivas en su fe, tus acciones de amor y no obligación, tus sentimientos nobles y sin miedos.

A: Cómo lo sigo? Qué hago mal? Qué pasa?

S: Mon, solo vive agradece y no te preocupes de nada.

A: Ok, mi trabajo –todo bajo control- me relajo. Solo pa'lante con fe?

S: No me preguntes, usa afirmaciones. Ya lo sabes, 'nunca te faltará'. Solo ponle la fe, lo único que no te es dado, OBTENLA!

A: Mas claro no puedes ser. Amaestrar mi mente y sentir. Lo haré, lo afirmo!

S: Listo, ya en papel ahora acción; es tu responsabilidad, todo lo demás es dado.

A: Mi negocio? Lo deseo con el alma pero me da miedito (soy honesta).

S: Mom escucha claramente. Tú decides, o estás o no estás!

A: 100% quiero triunfar, dar empleo, estar muy bien, activa, productiva-ayudar a otros. Lograr mi ideal y mi libro también.

S: 100% te es dado. Qué mas quieres?

A: Tu bendición!

S: Bendiciones miles, decisiones una. Triunfar!

A: Contigo a donde sea. Si puedo lo haré, YA!

S: Dale mamita, siempre lo haz soñado, llegó tu momento.

A: Gracias todo positivo-One day at a time (un día a la vez).

S: No te duermas, a trabajar! Yo pongo las bendiciones, tu la mano de obra.

DÍA DE LA MADRE
SOY LAS PALABRAS, NO EL PAPEL!

A: Mi adorado niño, donde está mi tarjeta de día de madre? Dónde están esas poesías tan hermosas que me escribías?

S: Mom, desde 'heaven' te bendigo, fuiste una madre maravillosa, te amé toda mi vida. Me sentía feliz escribiéndote esos mensajes, fuiste todo para mi.

A: Te amé con toda el alma y adoré tus tarjetas. Este año no la tendré, se que estás en el cielo.

S: Mom y contigo. Eres mi mamita, te doy el mundo pero por favor, se feliz. Te amo, mi espíritu está contigo siempre-siempre.

A: Hoy es un día especial. Ok tengo mis otros dos hijos del alma, tu papá, familia, pero necesito algo tuyo- Qué? Qué me das para saber que hoy estás conmigo?

S: Mom, todo y nada. El infinito, el amor y la certeza de que existo-nada material.

A: Te amo, estás bien y yo también. Sigo sin aprender, soy egoísta.

S: Lo eres. Tus hijos te aman, son tuyos y aunque van de la mano de Dios y al pertenecemos están ahí para amarte.

A: Lo sé, son bellos-no me quejo. Solo que extraño mucho la tarjeta. Me escribías bellos mensajes.

S: Y ahora no los escribe-soy amor y te llego al alma que ahora esta herida y no quiere ver.

A: Ok, Sebi, que tal si tú eres el que no ve mi dolor? Obtuve las mas bellas tarjetas escritas por ti, hoy tengo el amor de la familia pero tú eras y fuiste o eres lo mas preciado y se fue. Me entiendes?

S: Si, claramente, lo material. Esas palabras que te escribí eran AMOR, las apreciaste porque te las di en un papel y eso es material. Las palabras eran de amor y te llegaron al corazón. Necesitas un papel para saber que te amo? Estoy en ti –SOY LAS PALABRAS, NO EL PAPEL!

A: Te amo hijo hermoso, you are just too good and I am still a crying baby (simplemente, eres demasiado bueno y yo soy una nena chillona). Ayúdame!

S: I do and always will (Te ayudo y siempre lo haré). No vas a recibir mi tarjeta, solo un mensaje de amor, puro como mi corazón cuando era chico.

A: Papi, no te pido nada "Día de la Madre" es una cosa mundanal, lo olvido. Te amo, te sé bien y estás en mi espíritu. Aprenderé, te amo-estás aquí.

S: Mamita contigo siempre, siempre. Y…'Feliz Madre'!

A: Me gusta: "Feliz Madre"

S: Eso es…Feliz TU! Todos los días recibe bendiciones, te lloverán!

A: Y nunca me faltará. Feliz TU! Me gusta.

S: Así es. Lindas las tarjetas que te regalaron, hasta me dibujaron a mi je-je!

(Nick y Esteban me dieron una linda tarjeta e incluyeron la firma de Sebastián).

A: Tú estás en nuestros corazones mi bello Titán.

S: Tú eres mi corazón, mi niña que tengo que cuidar o se me agobia y no razona.

A: Por eso te escribí, eres mi salvación!

S: Tu guía espiritual, tu te salvas. Amas, bendices, agradeces y vuelves a vivir. No más tristezas. Que día tan bello!

A: Lo es mi amor, lo es. Ya me calmaste. Ya estoy mejor. Voy a dormir, me pesan los ojos de tanto chillar!

S: Niña boba y con tanto amor que tienes. Mamita, el mío se multiplicó. Tus tarjetas son gotitas comparadas con la palabra de Dios. Te amo, mi vida eres tú.

A: Qué yo soy tu vida?

S: Tú tienes que llegar a ese nivel espiritual donde tu vida eres tú.

A: I don't get it! Cómo voy a ser yo tu vida? –Crazy thing to say!

S: Mi vida terrenal casi completa, faltas tu por llegar. Tienes que ser fuerte y luchar para triunfar.

A: Como así Sebi? Espiritual-mundanal?

S: Mom, espiritual! Tu espíritu libre, claridad total. No más dudas, estoy contigo. Vívelo, siéntelo y no llores por el papel si tienes el amor.

A: I got you baby. Te amo, voy a descansar. Thank you, thank you God. Y ayúdame a no ser tan terca, necia, desagradecida, etc.

S: Fácil: AMOR

A: Ok, estás en mi corazón. Thank you!

S: Ciao mamita, disfruta el sol, sana tus ojos, mira con el corazón.

FLOR EN LODO

A: Ay Sebi, no se para donde voy. Ayúdame!

S: Mom, libérate, se feliz, ámalo todo, sonríe, sigue con tus planes, ponlo todo en las manos de Dios

A: Me preocupo por pequeñeces. Hoy voy a estar 100% presente, positiva. Me ayudas?

S: Yep, always but you put the fate. I got mine you need yours. I can't have it for you. (Sip, siempre pero tu pones la fe. Yo tengo la mía, necesitas la tuya no la puedo tener por ti).

A: Ok love, deal! (ok amor, trato hecho!).

S: Mamita, llénate de amor, Dios te ama.

A: Escuchaste mis rezos, lo hice bien?

S: Mama no es bien o mal, El te escucha. Aunque no sepas hablar, él te ve. El es bueno y quiere verte triunfar. Es Dios, lo es todo y vela por ti.

A: Y tú también?

S: Mil veces te digo, eres mi ovejita.

A: Estoy perdida?

S: Ya te encontrarás. Yo te veo, te ves tú?

A: Cómo me ves tú?

S: Solita, bobita, miedosa y teniendo tanto.

A: Si? Por qué sola y que tanto tengo?

S: Todo mama. Amor, familia y a mi en el cielo.

A: Thank you love, I got to go. (gracias amor, me tengo que ir).

S: Ciao mi bella flor cubierta de lodo.

A: No Sebi, deja el lodo por fuera.

S: Yo no, tú! Lava sus pétalos y ya verás.

A: Estoy tratando.

S: Entonces hazlo, tu ya lo sientes.

A: Si, lo haré!

TU REGALO DE DÍA DE MADRE

PS: Para la mamita mas linda del mundo, Sebi!

A: Mi hermoso niño gracias por la flor, el amor, el entendimiento. Hey, pero te extraño mucho! Regálame tus palabras.

S: Mamita linda vive tu día es tuyo disfrútalo. Te amo, eres mi mamita bella y esa foto... 'que inocencia la mía.'

Mi hermana puso en su portal de WhatsApp una foto en la cual Sebastián y yo estamos en la playa sentados mirando hacia el horizonte. Sebi tenía 2 añitos y lo tenía yo entre mis brazos. El reposaba en mi canto tranquilo y hermoso. Sus cachetes sonrosados y sus ojos puros inspiran solo ternura y un amor infinito. Adoro esa foto y yo la acababa de mirar con ternura y dolor.

A: Si, hermosa esa foto. Eras un bebé bello, siento un amor incontenible cuando la miro. Bella!

S: Si puro y feliz entre los brazos de mamá. Ese es mi regalo para ti.

A: Lo es! (y empecé a llorar de emoción). La estoy mirando otra vez.

S: Wait... PS: Para la mamita mas linda del mundo, Sebastián!

DE PRISA

A: Mi niño bello, salgo para el trabajo y necesito una frase tuya.

S: Mamita terquita y bobita, ríe baila como si estuvieras sobre las nubes. Sin peso y con ganas de volar.

A: Uy, súper, me ves?

S: Y te siento.

A: Y yo a ti? Dónde, en esta inmensidad y belleza de la naturaleza?

S: Belleza y naturaleza.

A: Muy creidín-Titán!

S: Mamita linda quítate la venda y empieza a ver.

A: Enséñame!

S: Hazlo con tu corazón.

GRADUACIÓN - NO NECESITO SILLA

A: Te extrañamos en la graduación de tu hermanito. Que alegría y que dolor! Estuviste ahí?

S: Mama, estoy con ustedes más de lo que estaba antes.

A: Me dolió cuando reservamos cuatro sillas y no cinco.

S: Pero si me llevas contigo, ahí estoy, no necesito silla.

A: Como te siento, como me repito y entiendo que estás conmigo. Dime algo?

S: Escucha los pájaros, obsérvalos volar; en su vuelo esta mi espíritu, en sus alas mi libertad!

A: Libre, que magnífico!

S: Lo único que me sucedió.

A: Qué? Obtener tu libertad?

S: Mis alas para volar.

A: Ya tendré las mías?

S: Si empieza a aprender a volar.

A: Cómo, si no tengo alas!

S: Tienes piernas y no caminabas.

A: Uy Sebi – me haces sentir boba!

S: Yoooo? Tú solita. Gateas-corres y VUELAS!

A: Have a lovely day in eternity. (Ten un dia amoroso en la eternidad).

S: Love you madre hermosa!

AGRADECE QUE ME FUI AL REINO DE DIOS NO SUFRES POR MI, SUFRES POR TI

A: Mi niño hermoso ayer no sentí tanto tu ausencia y hoy tenazmente! Ayer no tuve tiempo de pensar. Quiero detenerme y amarte pero sin que me duela.

S: Well mamita, eso está en tus manos. Tú eres la única responsable de tu felicidad. Vive tus bendiciones y alégrate. Date paz y serenidad.

A: Yo a mi? Cómo? Ayer me levanté bien y hoy así.

S: Levántate -agradece, come- agradece, mira-agradece; bebe, dúchate, ríe, llora-agradece.

A: Me sentiré mejor?

S: Si agradece que me fui al reino de Dios, no sufres por mi, sufres por ti!

A: Sebi, eras hermoso, mi compañía, adoré tu SER en la tierra. Me entiendes?

S: Si mama, duele pero sana y puedes llegar a amarme desde lejos y ser feliz.

A: Me entiendes? En serio!

S: Obvio, en la tierra se posee y esa aprensión es la que duele. Soy ese pajarito que estuvo enjaulado cuando lo único que quería era volar.

A: Si (vergüenza) me mejoraste de nuevo. Tus palabras son alivio. Te cansas de mis lamentos?

S: Si y no, tu falta de fe y me tuviste paciencia con amor.

A: Ya no estás. Miro tus fotos, me ayuda verlas?

S: Tu dime, Yo no soy cuerpo, soy espíritu.

A: Entonces ahora eres recuerdo? (auuuch, duele)

S: Si el más bonito. Soy libre y eso es lo que vale. Y tú?

A: Yo estoy en la tierra como tú lo estuviste.

S: Lo sé, pero tienes alas y no estás en una jaula. Te cortarías tus alas para no volar?

A: Mi miedo-dudas y falta de fe me cortan las alas?

S: Te las QUITA!

A: Aquí otra vez! Cómo venzo todo?

S: Aquí otra vez! Con fe, agradecimiento y solo Amor. Aprende a despegarte y volar.

A: Leer, escribir, meditar, estar positiva. Todo eso ayuda?

S: Todo eso y/o FE!

A: Gracias mi vida, me voy a tomar mi cafecito.

S: Disfrútalo, a mi también me gusta!

A: Nooo, ni te creo.

S: El mejor lo tomas acá.

A: Presumido

S: Y por qué no?

LOS PÁJAROS SON BELLOS, PROVEEN, AMAN NO SON DUEÑOS DE NADA, CRIAN A SUS HIJOS Y SIGUEN

A: Ay Sebi, como me quejo. Hoy es otro día difícil, estoy débil. Quiero pero no se como ser feliz sin ti? Cómo no sufro a pesar de que entiendo?

S: Mama, mírame y aprende a vivir con el corazón. Ten fe, ama y no juzgues. Vive el día a día con espiritualidad.

A: Quiero ser esa flor que dices pero el lodo? Cómo hago? Cómo no penetra?

S: Los pájaros son bellos, proveen, aman y no son dueños de nada, crían a sus hijos y siguen.

A: Si pero mi mente? Cómo la entreno?

S: Creer es tu salvación.

A: Creer en qué?

S: En ti, en que Dios te tiene un plan. Para que miedos si ya todo está hecho?

A: Mi vida está hecha?

S: Si pero tu la diriges, todo lo has de pasar pero con alegría y amor o dolor. Es un plan divino. Eres hija de Dios, no temas.

A: Ok no temo, estoy feliz, me va a ir bien en mi negocio!

S: Your wish is your command (Tu deseo es una orden).

A: Cierto! Pero contigo, solita no puedo.

S: Lo puedes todo y siempre Dios contigo, nunca solita mi ovejita!

A: Y tu amor y tu guía.

S: Todo lo que quieras mami, pero cree. Edgar tiene razón –necios!

A: Ok, control voy a dejar de ser necia, aprendí.

S: Well, allá tu si no- no vengas llorando. Hazlo, cree y pa'lante!

INSTINTOS Y SENTIDOS SON DADOS, LA FE TU LA BUSCAS, SI LA ENCUENTRAS VENCES LOS MIEDOS E INSEGURIDADES

A: Mi niño hermoso, fuiste feliz en la tierra?

S: Ahora lo soy todo. Fui un ave de paso, viví lo que tenía que vivir, amé con el alma.

A: Pero no fuiste feliz. Por qué nos es tan difícil serlo?

S: Por bobos y no querer ver.

A: Ver qué?

S: Que solo el amor vale, el resto es nada!

A: Pero trabajos, relaciones, viajes, vida, vicio, fiesta, responsabilidades – Qué?

S: Todo con amor. La fiesta es alegría, el vicio no es vicio, el trabajo es distracción, la responsabilidad es diversión, el viaje se vive, la vida se goza.

A: Y las relaciones con otros?

S: Ayudan a crecer, no te detienen.

A: Sebi mío, entiendo pero como hago para amar así? Cuando llegan cuentas, cuando hay dolores físicos y del alma, etc.?

S: Todo lo causa el desamor.

A: Ok, el mal está hecho. Puedo vivir como tu dices? Qué hago?

S: Con fe!

A: Sebi, fe es todo pero como arranco? El mal está hecho!

S: Mamita, mi flor en lodo, ámalo todo-No juzgues, agradécelo todo. Logra eso y seguimos con la lección.

A: Fuiste muy bueno e inocente y no te fue tan bien!

S: Y quién dice que no? Amé y fui amado, aprendí mi lección. Si ves...estás juzgando!

A: No, tratando de entender. Pero sí...fue tu misión solo Dios sabe y tú también.

S: Si, Dios sabe y tu no; por eso aférrate a la fe porque todo te es dado.

A: Me preocupé mucho por ti y no debí?

S: Es natural, fui tu crio pero estaba bajo sus alas.

A: Hay cosas naturales, hasta el miedo, ves? El miedo no es producto del amor pero es instinto y viene con nosotros.

S: El miedo lo causa la falta de fe.

A: Pero se nos da.

S: Instintos-sentidos son dados, la fe tú la buscas. Si la encuentras vences los miedos, inseguridades.

A: Uyyy Sebi muy grande el concepto.

S: También lo es el hombre pero no lo sabe.

A: Dime el secreto, lo comparto.

S: Mom, no es secreto, es AMOR. Lo saben pero no creen, MALCRIADOS!

A: Nuestras mentes no están avanzadas, nuestra culpa?

S: Si, no quieren ver. La naturaleza, las flores, el cuerpo humano, el sol, los animales...que perfección! Existe un Dios o es puro chiripazo?

A: Existe y es magnífico, su creación lo es. Tú lo eres y se que quieres que yo vea. Seguiré aprendiendo más y más. I promise, love.

S: Lo se mami, das pasitos, te quiero ver correr.

A: Ey, tú te demoraste un montón para caminar!

S: Nunca tuve afán-pero me empujaban y yo queriendo disfrutar.

A: Si, siempre te decía;" corre Sebi, apura, muévete, ve, Sebi! Lo siento baby.

S: No, tenías que asegurarte de que a algún lado iría pero no me gustaba la rutina pero la seguía.

A: Qué te gustaba?

S: Demorarme una hora comiéndome una pizza. Horas, minutos, segundos no me gustaban.

A: Si, siempre queriendo ser libre pero fiel y queriendo ser buen hijo.

S: Eso es, satisfaces al mundo y no a tu propio ser. Era un crio y tú una madre tratando de satisfacer el mundo cuando los dos sabíamos que yo no tenía afán.

A: Te entiendo ahora y te entendí antes. No se que decir...solo que te amé.

S: Si y fuiste una mamita fabulosa me adoraste y eso vale. Los dos: bellas flores en lodo.

A: Te amo, te entiendo. Gracias por otra lección de amor.

S: Love you mamita, deja el afán!

A: Me voy a trabajar, pero con amor.

S: ok, solo de esa manera

A: Ciao mi adoración

S: Ciao mi bella flor.

QUE TAL SI LLEVAS EL AMOR CONTIGO?

Mi hermano mayor, me pide que le pregunte a Sebastián por qué no es feliz, y que puede hacer.

A: Mi niño hermoso, puedes ayudar a Héctor? Dice: "No soy feliz aquí, qué hago?"

S: Se feliz! Entrégate al señor, cree en su bondad. Todo se te ha dado y solo haz renegado. Qué quieres? Siempre estar donde no estás? Amate Héctor y deja de ser tan juzgón. Ríe, vive alégrate por todos, ya a ti te tocó mejor vida pero no la ves. Qué quieres? Lo sabes? Te falta amor del puro, del corazón – pero no lo esperes sino lo das.

H: Podríamos hablar tú y yo?

S: Inténtalo, yo siempre SOY.

H: Cómo?

S: Con el corazón, solo así se puede.

H: Cómo puedo mejorar?

S: Amando sin quejas. Nunca ha sido el medio ambiente, eres TU. Algo sabio que dice tu hermana Gloria: "Adonde vayas te llevas tú". Que tal si llevas el amor contigo? Amate y ama a los demás. Nadie tiene culpas- son tuyas. Tú eres tu responsabilidad. Tu felicidad depende de ti y no del medio ambiente. Busca la luz en tu corazón, no mas 'pitty.'(pobrecito yo)

A: Te despides de Héctor

S: Tiito juzgón deja de criticar y empieza a amarte. Dios te ama, ámate, acéptate, ríe que mucho se te ha dado. Amate como Dios manda y así podrás amar a los demás.

MI MISIÓN HECHA, LA TUYA POR HACER

A: Cómo está mi bebé hermoso?

S: Si hermoso, recuerdas esos cachetes?

A: Claro, y tu boca re-roja, eras bello, saludable mi ángel y ahora mi Titán!

S: Ese niño bello e inocente volví a ser. Belleza pura sin manchas, solo resplandor.

A: Por qué` te fuiste antes que yo?

S: Mi misión hecha, la tuya por hacer.

A: No he hecho nada de mi misión? Me falta mucho?

S: No existe el tiempo para la misión.

A: Pero el cuerpo envejece.

S: No el corazón.

A: Me gusta la tierra, pero me gustaría estar contigo, sin agobio, sin dolor.

S: Pero estás en la tierra y tu verás si cambias esos dos sentimientos por AMOR Y SANACION.

A: Sanación?

S: Si, si te duele tiene que sanar.

A: Cómo?

S: Escuchas los pájaros? SON, vuelan, crían sus críos y escuchan sus instintos para sobrevivir.

A: Cómo escuchan sus instintos?

S: Pequeñitos y saben volar, no temen al enemigo solo cuando lo encuentran y entonces el instinto los salva o vienen conmigo. Qué pierden?

A: Hablas del miedo, cierto? Nos paraliza y a veces nos toca enfrentar situaciones...y para eso se nos dieron los sentidos?

S: Mamita, se libre, no temas a nada. Temiste porque yo era malo para conducir, di el timón a otro y morí.

A: Ah? No entiendo. Qué? (sentí mucho dolor al recordar el accidente).

S: Miedo a algo que nunca sucedió. Solo en tu mente.

A: Tiene sentido, tú eras muy distraído y me asustaba.

S: Ves? No vuelas porque de pronto me caigo. Vuela y si te caes te vuelves a parar!

A: Lo de morir mientras otro manejaba...qué quieres decirme?

S: Nada es coincidencia, iba a morir. Era mi hora y aunque no estaba al volante, sucedió.

A: Me sigues perdiendo. Qué tiene que ver con mi angustia de cuando manejabas?

S: No lo ves? Angustia de qué? Mi misión no debe de ser tu preocupación, es lo que es!

A: No pude cambiar nada.

S: Es un plan divino, vívelo con fe, sin miedo.

A: El plan está hecho? No lo puedo cambiar?

S: Si pero solo con fe.

A: No Sebi, yo no te entiendo. Re-leeré y entonces quizás!

S: Es el miedo mama, no más!

A: Pero existe, el temor a fracasar, a la enfermedad, a que algo pase a la familia.

S: Si, sigue...llena el cuaderno de miedos. Que tal si dices: "me libero y me dedico a ser feliz"!

A: I will do it. (lo haré).

S: Amén, mi niña necia.

A: Por qué necia?

S: Porque lo eres, pero ya estas dando pasitos.

A: Pasitos tuyos o míos?

S: De los dos!

COMIENZA A SER 'SER' DE PAZ Y LIBERTAD

A: Hola, aquí estoy, otro día y amándote.

S: Hola, adorándote con el día.

A: Jaja empezaste con tu diálogo especial. Sé que cada frase que me das tiene significado especial.

S: Todo mensaje es amor.

A: Pues si, todo lo que viene de ti –del cielo –de Dios

S: Tú vienes de El y puedes escoger –Ser o no Ser.

A: Pues Ser!

S: Entonces a Ser, Ser de paz y libertad. Todo lo eres amas y entonces eres la niña mas linda del mundo.

A: Niña mas linda del mundo? –Niña? Ya estoy viejita –Linda? Normalita!

S: Lo eres si te ves con el corazón. Recuerdas?

A: Si me vi cuando pequeña, vi mis manos; creación perfecta.

S: Y lo sigues siendo pero enlodada.

A: Si pero al crecer uno pierde su inocencia.

S: Pero no el amor puro. Encuentra en ti esa niña hermosa que solo quería reír y jugar-que cuando se acostaba en el prado empezaba a soñar.

A: Awww, suena lindo pero y los insectos (jejeje).

S: Ahí están, y qué?

A: Era broma, pero si rico soñar así, voy a buscar un lugar y lo haré. Me voy a trabajar, me regalas una frase bien bella?

S: Hoy es el día que vale, mañana no estará pues lo dejaste ir. Ama con el corazón y disfruta el hoy con plenitud'.

A: Gracias mi corazón! Buena eternidad!

ESTÁS EN LO MUNDANAL Y NO EN TU ESENCIA. TE HACE FALTA, VERDAD?

A: Por fin terminé mis clases, unas tareas más y acabo. Hice un buen papel, pero YA, no más! Amo los chicos, de todos modos.

S: Y por qué no, si son creación de Dios?

A: Hoy estoy sola en casita, no quiero programar nada. Quiero estar conmigo.

S: Hazlo, estas en lo mundanal y no en tu esencia. Te hace falta, verdad?

A: Si, ya hace tiempo que no hago regresiones, medito, leo o me busco.

S: Hazlo, cuida tu salud tu cuerpo tu luz, estás opaca. Estas saturada, límpiate, llénate de energía de la buena. La encontrarás en la naturaleza y en lo que amas.

A: Amo a mis hijos, esposo, hermanas, me gusta mi hogar, y que no estoy sola.

S: Olvidaste lo mas importante, TU! Qué quieres?

A: Quiero paz, felicidad paz y que se me quite este dolor. Te amo pero soy egoísta.

S: No, no es egoísmo, buscas el amor en otra persona y está en ti. Cuídate, date gustos y no te preocupes de nada.

A: Pero no preocuparme de nada... tengo responsabilidades.

S: Todos las tenemos pero no son preocupaciones. Haz, sueña y se te darás. Sufres por no amar.

A: Entonces estoy triste y deprimida por no amor?

S: Si, amas con deseo de poseer. Déjalo todo libre, es tuyo.

A: No se Sebi, no me ayudas.

S: Acaso depende de mi? Eres, estás y decides. Toma un día a la vez, cada circunstancia es diferente. No te abrumes niña boba.

A: Sebi, boba otra vez!

S: Jajaja expresiones sin fundamento.

A: Qué acabas de decir? No te entiendo?

S: Brava, enojada, loca, rabiosa, alborotada!

A: Qué, qué?

S: De qué...querrás decir. Brava de qué? Triste por qué? Si la solución es amar el problema es su impureza que te dan los sentimientos no fundados.

A: Mi beautiful son! Como no voy a sentir dolor. Vivo aquí en la tierra. Me entiendes? Allá es bello es diferente aquí, es un WILD WORLD (mundo salvaje).

S: Selo todo pero no olvides el amor o eres nada. Ponle pasión a todo y verás que bonita es la vida.

A: Sebi, te amo, te creo pero no entiendo.

S: Es que darlo todo por amor es vivir pero crees que vivir es sufrir.

A: No, no sufrir. Se que hay cosas bellísimas pero cosas dolorosísimas.

S: Tu crecimiento es lo que vale-tu corazón, lo demás son encajes del vestido. Como lo quieres? Tu decides.

A: Bonito, sencillo, fácil

S: Y entonces hazlo, bonito sencillo y fácil.

BRILLANTE U OPACA? TÚ DECIDES!

A: Si, me tomé el fin de semana, no hice nada pero estuvo bien.

S: Solita es cuando te encuentras.

A: No me siento bien, mi piel opaca mis ojos hinchados, brote. Qué es?

S: Mama no te cuidas. Todo para mañana, necesitas ejercicio, naturaleza paz y no agobios. Toma el día y entrégaselo todo a Dios.

A: Ansiedad, tristeza, llanto. Ayuda a calmar mi mente. Te entiendo muy bien cuando estabas en la tierra tu mente...para volverse loco!

S: Mamita, paz espiritual, dáselo todo a Dios; nada te faltará.

A: Lo sé, lo sé, pero que penetre en mi y que en realidad pueda vivir en paz. Tengo bendiciones, las veo y aún lloro. No es queja, es humano.

S: Si, y entonces aprendes a ser libre dejándolo todo ser. Practica, entrena tu mente. Ve lo bello y no te agobies.

A: Voy a meditar y a obtener la tranquilidad.

S: I love you mi estrellita.

A: I love it! Estrellita grande o chiquita?

S: Brillante u opaca. Tú lo decides!

UN REGALO SIN DESTAPAR

A: Hola quiero escucharte hablar sobre el amor.

S: El amor es lo único que existe. Ama y vives. El desamor es dolor. Qué escoges? Todo se te es dado. Amor es lo que debe de estar para ser.

A: Estar para ser?

S: Si, está en tu corazón-eres – de lo contrario mueres.

A: Qué es mueres?

S: Vivir con dolor.

A: No quiero vivir así, quiero ser paz y libertad. Lo que tu eres-pero estoy aquí.

S: El amor está en ti. Eres amor pero enlodado.

A: Me lo has dicho mil veces.

S: Entonces ama y libérate-comienza en la tierra y vive-no lo hagas y mueres.

A: Morirme? No es irme adonde tú estás?

S: El cuerpo? No! El espíritu, eso somos. Nos embobamos con el bonito estuche y no con lo que hay adentro.

A: Un regalo sin destapar. El cuerpo el empaque, el verdadero regalo el espíritu.

S: Si, el espíritu, libéralo!

A: Cómo?

S: Amándote con todo el amor del mundo, enamorándote de ti como lo hiciste de mi cuando nací, yo ya no soy el empaque, soy el regalo!

A: Y para quién es ese regalo?

S: Para mi, me amo, te amo, amo toda la creación de Dios, y tú?

A: También, pero estoy acá!

S: Destapa el regalo, para que esperar 'til christmas'? (hasta la navidad?).

A: Entiendo pero sigo sin saber...pero hoy me amo mas, GRACIAS por TODO.

S: Otro pasito, pronto... Liberación!

A: Mi Titán, conectados estamos!

S: UNO SOLO – AMOR.

A: Very smart, wise guy! (muy inteligente, chico sabio).

S: And lovely too (y amoroso también).

LA BASE ES EL AMOR Y DESEO DE SUPERACIÓN; BASES MUY SÓLIDAS PARA EDIFICAR

A: Hola mi bello ángel, te amo, te extraño.

S: Mamita, como vas? Debilidad?

A: Si y no. Se que puedo con mi negocio pero a Dad le preocupa que deje mi trabajo. Lo entiendo, pero yo puedo!

S: Entonces no necesitas nada más. Ni aprobación ni juicio.

A: Tienes razón, no me dejes flaquear.

S: Yo no, tú si. Tú sabes lo que quieres tienes el talento y lo que necesitas.

A: Mi 'socia', esta broke (sin dinero) y pues eso no ayuda.

S: Tenlo claro, eres tú. Tu éxito depende de ti. Hazlo, ve con Dios, llénate de amor y fe.

A: Lo se Sebi, eres tú mi lazo con lo bello, eres tú quien me mantiene flotando. Estás y no te veo pero quieres ayudarme, pero me tengo que ayudar yo.

S: Más claro que el agua! Sabes que la base es el amor y el deseo de superación. Bases muy sólidas para edificar.

A: Y dad? Hay problema ahí?

S: Solo donde tú lo encuentres. Puede ser aliado pero no el que decide. Es tu vida, qué quieres hacer?

A: Mi negocio, que sea fructífero, que me de dinero para aportar en la casa.

S: Para todo lo que quieres 'hay.'

A: Ok, pa'lante!

S: Con el todopoderoso si la base es el amor.

ENTRÉGATE TODOS LOS DÍAS
VIVE SIN MIEDOS, SOLO PAZ

A: Dime otra vez, cómo eres, cómo estás? Súbeme el ánimo, please.

S: Soy Yo. Yo soy felicidad, este es mi mundo, mi día y mi noche. Soy luz en la oscuridad y la oscuridad es paz. La paz esencial, lo demás es desechable. Soy eternidad – la estrella y el sol, soy espacio infinito, no tengo barreras. Liberé mi espíritu igual que el ave que sabe que sabe volar. Extiendo mis alas y mi espíritu se transporta en el universo. Brillo más que el sol y alumbro como la luna, soy todo –lo que ves y lo que no.

A: Piensas, dudas? Me criticas?

S: Solo te amo y velo por ti. Soy tu espíritu pero no eres libre.

A: Pero si eres mi espíritu, por qué no soy libre?

S: Porque eso lo obtienes tú. Y con todo lo dado...cómo no puedes?

A: Eso me lo respondes tú. Cómo no puedo?

S: Vínculos egoístas y dominantes y no quieres ver.

A: Como no voy a querer ver, quiero!

S: Si? Lo dejas todo por amor?

A: Qué es todo?

S: Lo feo, celos, envidias, competencia, vanidad, sarcasmo, venganza.

A: Si pudiera pero no soy diferente a ningún ser humano-somos todo eso.

S: Elegimos eso, no es dado!

A: Cómo hago? Meditación, analizar los pensamientos, dejo de sentir?

S: Por el contrario, comienza a sentir y no a actuar. Entrégate todos los días, vive sin miedos, solo paz.

A: Hermoso, celestial...y yo tan terrenal!

S: Dale un chance al corazón, déjalo tomar decisiones si quieres ser feliz.

A: I heard you (te oigo). Good night love (buenas noches amor).

S: Say hi to my loved ones, well, everyone in the world. (saluda a todos los que amo, bien, a todos en el mundo)

A: Todos? Hasta a los malos?

S: Quién decide que son malos?

A: Well, si matan y hacen daño?

S: Son mas ignorantes que tú.

A: Uyy que duro me suenas.

S: Tú conoces el amor, quizás ellos no. Están perdidos. Su misión es mucho más dura; por eso no hay que juzgar.

A: Volví a caer. Es love-love-love!

S: Tan simple es. Lo tienes deberías estar feliz si no, encuéntralo y te hará libre!

A: Amén, my big boy.

SIGO SIENDO UN REGALO, NO TE LO HAN QUITADO. TE LO CAMBIARON POR UNO MAS GRANDE Y ESE NO CABE YA MAS EN TU VIENTRE SINO EN TU CORAZÓN

A: Mi bello niño, I am officially on vacation! (estoy oficialmente en vacaciones!)

S: Bravo por ti! Le diste duro, I am proud of you! (estoy orgulloso de ti!).

A: Gracias love, ahora a pensar en mi negocio.

S: Eso es lo que haces ahora, que te preocupa?

A: Ya deberíamos tener lista la página web y todo lo demás... pero no acabamos, tenemos que movernos. Apuro a mi partner? (socia).

S: Haz lo tuyo y háblale, tu eres la mas interesada y lo tomas muy en serio. Si le hablas le das la oportunidad, si te quedas callada aceptas su comportamiento. Mamita, todo va a estar bien, yo te voy a ayudar a arrancar. De la mano de Dios, haz lo tuyo.

A: Gracias mi vida. Estoy en tu corazón?

S: Yo soy eso, lo que está en el corazón.

A: Amor –Si, lo sé. Antes te tomaba de la mano, te visitaba en tu cuarto, conversábamos, íbamos de compras, charlabas conmigo...

S: Ahora estoy en ti! Que diferencia, que magnitud!

A: Tú lo sabes y a mi me cuesta.

S: Si, lo palpable, los sentidos pero son dados para cuidarte mientras encuentras la paz; una vez dada ya nada necesitas.

A: A veces me dices: "busca la paz, el amor y/o la felicidad. Qué busco que no encuentro?

S: A Dios y él está ahí contigo y no lo ves, no lo sientes, no lo vives. Eres/tienes miedo porque no te has liberado. No eres libre.

A: Repites y repites y entiendo las palabra pero como ser humano me es tan difícil. Me preocupo porque tengo que responder a todo.

S: Solo a Dios, tenlo claro! Haz lo que amas y los resultados se ven llegar. Haz lo que quieras y ni siquiera digo 'lucha', haz tu deseo!

A: Debo sonarte re-terca, dura, necia.

S: Yo quiero que aprendas a vivir bien, con fe, alegría y dignidad. Eres hija de Dios y ese es tu orgullo.

A: Pero no lo somos todos?

S: Si, es cierto pero a ti se te dio una gran lección y no aprendes.

A: Que lección? Tú – que te fuiste? Es esa una lección, no entiendo. Si es eso, es hasta cruel, muy cruel!

S: Mama, que dices. Estoy bendecido, lo soy todo, fui un regalo de Dios y te hiciste dueña.

A: Regalo que me dio y me quitó. Uno se queda con los regalos no los devuelve!

S: Regalos de amor? Son para sentir y sonreír. No es devolución. Me amaste y me sigues amando, sigo siendo un regalo – no te lo han quitado, te lo cambiaron por otro mas grande y ese no cabe ya mas en tu vientre sino en tu corazón.

A: Sebi es tan bonito lo que dices, pero es tan real mi dolor. Está en todo mi ser, me duele aunque no quiera. Soy egoísta, todo lo que quieras – pero aún sabiéndote bien, estoy mal. It hurts tooo much (duele muchisísimo).

S: Lo se, la fe es la lección más dura por aprender, duras vidas y a veces eternidad.

A: Y me imagino que yo estoy a años luz.

S: Ya es hora de obtenerla. Ya debes coronar. Aprende a ser libre y a agradecer.

A: Agradecer, lo hago. A qué te refieres?

S: A que volví a El y SOY.

A: No se...

S: Si, dale gracias porque volví a El y lo soy todo. Tú eres fe si la quieres pero no puedes estarlo con tanto lamento. Quieres algo? Pues hazlo!

"Que me fui! – Que bendición!"

"Que soy libre – Jaja lo soy todo!"

"Que soy tu bebé – Te me crecí mucho!"

"Que me duele no verlo – Me sientes, te ayudo, te guío te velo y hasta hablo de corazón a corazón contigo!"

A: Uyy que regaño. Te amo!

S: Mamita, libérate, ríe ama la vida, se felicidad. No te preocupes de nada, quita la palabra 'preocupación' de tu vocabulario. Amate, Nunca te faltará!

A: Lo sé; gracias mi vida, te amo. Después de tu regaño voy a organizar todo para el negocio.

S: Dale con ánimo, haz lo tuyo con amor. Tú puedes, estamos contigo!

A: Tú y Edgar? Que creación!

S: Ya lo verás, unos Einsteins y un solo objetivo 'TU'!

A: Bendiciones y bendiciones. Gracias mi vida, Gracias forever!

TU CUERPO ES UNA CREACIÓN PERFECTA, SIEMPRE AVISANDO QUE FALTA FE

A: Acabo de ver tu foto cuando tenías 6 añitos, eras mi muñeco hermoso.

S: Si, cute (tierno) y ahora soy todo lo bello que ves en la foto, y más!

A: Hace siete meses que te fuiste, existe el tiempo para ti?

S: No, el tiempo te detiene, el no tiempo te hace libre. Relojes nunca! Te esclavizan dividen tu vivir. El tiempo es uno, eternidad.

A: Hace tiempo que no veo una señal obvia, tuya. Se que lo eres todo pero algo 'unique'.

S: Mom, todo es 'unique' en la creación, nada se repite. Lo 'unique' soy yo, mi esencia y mi existencia en tu corazón.

A: Si, lo se, tu lo eres todo a nivel espiritual yo terrenal, no tendremos un punto de encuentro mas justo para mi? Estoy en la tierra, me duele la cabeza, me da hambre, frio, etc. Por más que quiera ser o aprender – soy cuerpo físico. Pero a ti ya no te duele el cuerpo, eres espíritu. No debo ni puedo compararme contigo, pero es que no es fácil ser solo fe si el cuerpo te recuerda cosas.

S: Si te recuerda cosas!

- dolor de cabeza: angustia
- dolor de espalda: stress
- nostalgia: falta de fe
- gastritis: ira
- neumonía: abandono
- hígado: problemas
- alergias: desadaptación
- dolores de encías: descuido
- nervios: inseguridad
- agonía: ignorancia

S: Quieres más?

A: El cuerpo te acuerda que haces las cosas mal. Si hay fe no hay nada de lo anterior?

S: El cuerpo te es dado, busca la libertad. Todo te guía, todo te sirve. Tu cuerpo es una creación perfecta, siempre avisando que falta fe.

A: Got you! Tan claro y tan difícil!

S: Tan hermoso y no lo ven!

A: Mi frase para hoy, please:

S: El día es tuyo, tú eres la flor que mira el sol y abre sus pétalos para recibir su energía. Todo es energía...y de la buena. Te amo!

CRECERAS Y TU AMOR VENCERÁ LA COSTUMBRE QUE SERÁ ENTONCES LA DE NO TENERME. TIENES UN HIJO CON DIOS, QUE BENDICIÓN!

A: Niño mío, nos vamos a Costa Rica y tú con nosotros, si quieres primera clase.

S: Lo mas cómodo posible, recuerda soy alas y libertad.

A: Bueno allá llegas por tus propios medios.

S: Estoy con ustedes siempre.

A: Te hubiera gustado conocerlo?

S: Si y lo haré con ustedes, allí estaré.

A: Te gusta que nos vamos de vacaciones?

S: Claro! La tierra es fabulosa y ahora si la ves.

A: Imagino que vas a estar en cada flor, cada cosa bella.

S: En tu corazón, pero como te gusta lo palpable; en el volcán, el mar, la flor, el atardecer y todo lo que veas maravilloso.

A: Vuelvo a lo terrenal... te imagino conmigo yendo de compras, en el museo, el mercado, la cultura, la ciudad. Teníamos los mismos gustos.

S: Los tengo! La cultura, la gran ciudad.

A: Pero me toca caminar solita, los otros cuatro (mis esposo, dos hijos y la novia de uno de ellos) solo quieren playa, brisa, sol.

S: Mejor, solita siempre te encuentras y ves mas allá.

A: Me refería sin ti.

S: Ahí estás cuando me sientes en tu corazón.

A: Está claro mi vida, estás con nosotros y mas me vale dejar de extrañar tu presencia física. It is gone – nunca lo veré, solo fotos y recuerdos.

S: Como las de bebé, de niño, de joven y ahora lo soy todo.

A: No llegaste ni a madurar, eras un 'culicagadito' tratando de entender la vida. No llegaste a ser tío, padre, abuelo. Muy pronto te fuiste.

S: Nop! Fui perfecto para mi misión, todo es armonía y perfección, fui hijo, hermano y lecciones para muchos.

A: Y para mi?

S: El hijo de tus entrañas, el que amas y vive en en el reino de Dios y el que te enseña a amar con el corazón.

A: Si, solo quiero no añorar tanto tu presencia-me haces falta. Pero estás bien y si, doy gracias a Dios por eso.

S: Ya vendrá, crecerás y tu amor vencerá la costumbre- será entonces la de no tenerme. Lo espiritual prevalecerá y tu corazón sanará. Tienes un hijo con Dios, que bendición!

A: Te amo mucho!

S: Y me amarás más. Soy todo y ese todo es mi amor por ti. Demasiado grande para caber en un lugar.

GLORIA

Sebastián continuamente me dice que escuche a Gloria (mi hermana mayor) porque es sabia y me puede ayudar; entonces le pregunté:

A: Me sigues mencionando a Gloria y que la escuche. Por qué lo dices?

S: Tiene mucho que decir y poco por hacer, es paz en aguas turbulentas y se necesitan.

A: Por qué?

S: Porque tu eres vida ella espíritu, careces de paz y ella de vida.

A: No entiendo.

S: Te ha ayudado, a lo mejor su misión es seguir haciéndolo.

A: Pero como puede? Está lejos, no tiene planes, vive... pero en paz?

S: No en paz, busca la espiritualidad y se le escapa de las manos. Gana la fe o la no fe?

A: Tiene fe. Que relación tenemos, me la sigues mencionando.

S: Tiene misiones y eres una de ellas. Tiene palabras sabias, conoce aunque no ejerce.

A: Consejos, me ayuda, yo a ella?

S: Digamos complementación, una tiene lo que la otra no.

A: Qué tengo yo?

S: Ganas, ambición, deseo, fuerza y la necesidad de probarse y ser capaz.

A: Y ella que tiene?

S: Espíritu y corazón aunque sepultado. Tiene que sacarlo si quiere ser esencia. O se es, o no se es.

A: Como que entiendo... cómo que no?

S: Tú escúchala y ella que escuche bien adentro de su corazón. Que elija.

A: Qué elija que?

S: Si es de aquí o si es de allá. Logra cosas y se echa pa'tras. No tiene ambición.

A: Y eso es malo?

S: No y si. No sino te sirve porque no vives y si porque con ella si llegas. Cada cual tiene su meta y para llegar a ella le pones ganas. Sentadita no te llega.

A: Ok, mi love, la escucharé pero en realidad aún sigo sin entender.

S: Donde hay amor hay esperanza donde hay fe hay acción donde hay duda hay dolor y el dolor lo quita enfrentándose a el con ferocidad.

A: Ok, se lo enviaré a Gloria, ella si creo lo capta, yo pocón.

S: Son las dos un vínculo sagrado pero el crecimiento es esencial. No más miedos, a ambicionar la paz.

A: She will translate. (ella traducirá).

S: I am sure. (estoy seguro).

A: tqm mi corazón.

Cinco minutos mas tarde y releyendo entendí: AMBICIONAR LA PAZ!

TE DUELE PORQUE NO ME PUEDES RETENER. SOY ESA AVE LIBRE QUE DANZA CON EL VIENTO Y SOLO QUIERE VOLAR

A: Ves mi Sebi donde estamos? En Costa Rica y es muy lindo. Estás con nosotros, viniste? Es muy raro sin ti. Te extraño, todo es bello, pero donde está mi alegría?

S: En ti mamita, disfruta la vida, es corta y se te va.

A: Y tú, dónde estás?

S: Contigo, caminando, viendo los animales y tampoco te gusta la playa. (A Sebi no le gustaba la arena, el calor y la humedad, le molestaba tanto como a mí)

A: Te siento mas distante, viniste con nosotros? Siempre la silla vacía (llanto).

S: Y así va a ser, si así lo quieres ver – o, soy el horizonte y cada ave que vuela, que armonía, que libertad! Te duele porque no me puedes retener; soy esa ave libre que danza con el viento y solo quiere volar.

A: Si muy lindo pero…

S: Si, esa silla vacía. Quita la que sobra, yo no soy lo material, los acompaño en espíritu, mi cuerpo ya no está.

A: Lo sé, yo aprenderé. Aliéntame por favor, hoy duele más.

S: Mami me gusta el libro que estas leyendo (Escucha tu Cuerpo, de Lise Bourbeau) aprende sus lecciones de amor.

A: Si pero hay preocupaciones.

S: No lo hagas más mamita, por amor a ti. Se feliz, el tiempo se te va. Ten fe y mejorarás. Te amo, velo por ti y estoy en cada flor. Sigue viéndolas, ese soy yo!

MI MUERTE ES UN PLAN DIVINO, PERFECTO COMO UNA TELARAÑA DE HILOS DE ORO QUE RESPLANDECE CON EL SOL. PERFECTO, ETERNO, SIN ERRORES – ARMONÍA TOTAL

A: Mi niño adorado, buenas vacaciones, traté de disfrutarlas pero me sentí amargada y solo con ganas de llorar. Costa Rica es hermoso, mi familia, todo maravillosos pero tu ausencia me hacía sentir extraña y me hacía mucho daño. Quiero estar bien, se que tú lo estás y deseas que yo también lo esté. Es inexplicable el que no estés aquí físicamente con nosotros; entrando a tiendas, comprando cosas, dando tu opinión, enredándolo todo. Mi trío maravilloso ahora se convirtió en dos... que vacío. Que falta nos haces!

S: Mamita, yo lo sé, así es la costumbre y cuesta cambiarla. Veme siempre pero ahora con tu alma para que no te duela mi ausencia. Acostúmbrate a mi 'yo', el ave libre sin limitaciones, tu Sebi necio y testarudo ya no está. Ya no necesito nada, todo lo tengo, soy lo que quiero que tu seas.

A: Estabas con nosotros en C.R.?

S: Mamita ya no existe la distancia; estoy y soy el infinito allí te veo y te acompaño.

A: Quise ser feliz en este viaje por todos, pero en realidad quería estar en mi casa. Linda la tierra y la naturaleza-la aprecié, la agradecí pero todo con tristeza. Hasta pensé que era injusto estar allí sin ti.

S: Te estás castigando? En serio crees que tienes que sufrir e ir de luto porque me fui? De verdad crees que lo correcto para una madre que pierde a su hijo es enterrarse en vida? Crees que para eso volví al cielo? Me fui para tu crecimiento y no tu hundimiento. Que mi vida sea una bendición y no maldición. Tú me verás como tu salvación o tu muerte. Qué escoges? Creer, verdad? Así si me amas, de lo contrario te entregas al dolor y esos no es amor. Cuánto me amas?

A: Mas que a mi propia vida! Mucho, demasiado.

S: Entonces ámate aún mas a ti misma! Date todo lo que mereces, ríe a carcajadas y así es como me bendices, llora y así es como me maldices. Cumplí mi misión y que te quede claro que la tuya de amar a Dios sobre todas las cosas no la haz cumplido. Encuentra el amor en ti, no está en mis fotos, solo en tu corazón.

A: Si, tengo mucho que aprender, solo que tengo mucha tristeza, mi niño, fueron las primeras vacaciones sin ti. Eras una gran compañía, divertido, necio, genial.

S: Sip, pero se acabó! Qué vas a hacer? Las mías son eternas y las disfruto, las tuyas muy cortas y las desperdicias. Mamita, la vida se va, la Tierra es tu casa temporal. Me vas a llorar o vas a vivir? No quiero ser tu lamentación, solo tu lección de amor. Vives porque me amas, mueres porque crees que así debe ser? Fuiste una madre maravillosa, también cumpliste esa misión. Busca el amor en ti, no en tus bebés porque todos somos aves y tenemos que dejar el nido. Yo volé muy alto y por eso yo soy quien cuida de ti pero no sin tu ayuda. Tienes el derecho de ser feliz y ahora más ya que soy ser de paz.

A: Si inmenso, lo entiendo todo pero soy necia, egoísta y tan llena de historias, cuentos, mentiras e ignorante. No sé ni que pensar!

S: Nada, solo en el amor y en la fe. Lloras porque se murió tu hijo-es aprendido. Que tal si te digo y te reafirmo que si hay amor no hay dolor? Que cuando un hijo vuelve al señor es una bendición? Que toda madre es doblemente-bendecida cuando su hijo retorna a su verdadero hogar? Y si te digo que tanto dolor se consuela con la fe y la esperanza de volvernos a ver? Mejor aún, que tal si te digo que todo es una mentira y falta de fe?

A: Si, tendrás mucha razón pero son años, siglos de mentiras.

S: Es momento de espiritualidad, muchos despertarán y entonces reinará el amor y por lo tanto no habrá dolor.

A: Uyyy, cuantos años pasarán?

S: No, cuantos corazones! Cuantos descubrirán que el amor es la única realidad.

A: Espero ser uno de ellos.

S: Lo serás cuando veas mi muerte como lo que es, una bendición. Parte de un plan divino, perfecto, como una telaraña de hilos de oro que resplandece con el sol, perfecto, eterno, sin errores-armonía total.

A: Si, el crecimiento del que siempre me hablas. Sebi, seguiré luchando, dándome fuerzas, escribiéndote, leyendo, viviendo con amor. Aprenderé!

S: Soy amor, soy tu lección, ámame como Dios manda y no te dolerá mas.

A: Si, sin egoísmo, sin poseer. Fuiste un regalo de amor y me quedé con el amor.

S: Entonces, por qué lloras?

A: Porque extraño mi bebé, mi Sebi bello!

S: Pero estoy bien. Veme volar...soy el cielo, mis alas las nubes.

A: Cada vez mas grande! Eras ave, ahora cielo?!

S: Y luego universo e infinito. Todo —soy todo, alégrate!

ME SENTÍA SEGURO YENDO DE TU MANO, AHORA SIÉNTETE SEGURA DE LA MÍA

A: Buen día, mi niño bello!

S: Mamita, como estás? Mejorando? Viviendo o sufriendo?

A: Queriendo ser feliz.

S: Segura? Porque es tu elección, lo que quieras se te dará.

A: Es que todavía duele mucho el corazón.

S: Curará, ten fe. Te amo, soy tu luz y no tu oscuridad. Soy el verdadero amor.

A: Y yo, quién soy?

S: Eres una buena mujer que no se aprecia como debería, luchadora, criticona que quiere y no puede volar por la falta de fe.

A: Sebi, dame la fórmula para volar libremente.

S: No hay fórmula. Está ahí, es el amor.

A: Como dice el libro 'Los pensamientos son cosas', es cierto?

S: Mom es le amor. Ama lo que haces y se te dará, no quieres manejar, no manejes, no quieres hacer ciertas cosas no las hagas. Solo haz lo que amas.

A: Lo dices por mi trabajo en la escuela. No se que hacer!

S: Si lo sabes, culmina esa etapa. Cree en tu negocio. Es lo que amas? Amas la escuela o simplemente llena un vacío material?

A: Si material, pero es que se necesita el dinero.

S: Eso también se obtiene con el espíritu, amando y disfrutando lo que haces.

A: Si no me gusta manejar tan lejos, pero el $ me da seguridad.

S: Claro, la falta de fe. Asegúrate que amas lo que haces y te irá bien.

A: Sip, quiero que mi negocio triunfe, estar cerca a casa, producir, enseñar, tener muchos estudiantes y mejorar cada día...pero sobretodo obtener esa fe ciega de la que tanto tu me hablas.

S: La obtendrás. Que quieres? Analízalo y si lo amas es tuyo sino, no lo es!

A: Será que solo quiero probarme que soy capaz? No, es mi sueño y va a surgir! Tu –yo –Dios. O el amor primero?

S: Primero el verdadero amor en ti, eso suple todo lo demás.

A: Aquí te habla el lado necio mío...Me va a ir bien?

S: Deja de dudar y más bien empieza a trabajar, hay cosas por hacer. Hazlo todo que yo te doy la manita.

A: Te imagino caminando con tu manito entre las mías, con tus jeans y tus camisetitas polo. Que ternura, my heart melts (mi corazón se derrite).

S: Si, ahora soy yo el adulto y tú la niña. Me sentía seguro yendo de tu mano ahora siéntete segura de la mía. Yo caminaba y nunca me preguntaba nada sobre ti. Nos amábamos simplemente. Eso es fe.

A: Que lindo, muy cierto! Es un don que perdemos. Voy de tu mano y confío en ti como tu confiabas en mi cuando niño, sin preguntas, solo fe. Gracias por esa analogía tan bella, hoy estará esa imagen tuya caminando de mi mano. Que hermoso!

S: Y sigo siéndolo y libre! Te amo, adelante con la vida, para eso se te dio!

VUELA PORQUE TIENES ALAS Y EL DERECHO A TU LIBERTAD

A: Hola mi angelito, nuevo día nueva ilusión. Y entonces porque esta ansiedad, desasosiego, nervios?

S: Porque no paras y piensas. No andes escapando pensamientos. Detente, analiza porque son tus miedos.

A: Ok, me detengo; y como enfronto esos miedos?

S: En oración. Miedo a qué? Por qué te echas tantos compromisos en lugar de ser?

A: Por qué lo dices, por lo de mi oficina, mi nuevo compromiso?

S: Mom, es tu sueño dale con amor y esperanza y se te dará.

A: Todo lo siento en mi estómago: nostalgia, ansiedad, dolor.

S: Uy, todo eso es creado por el miedo. Para la nostalgia veme como ese niño tomado de la mano de Dios, para el dolor Tylenol y para la ansiedad, fe!

A: Ah? Lo del Tylenol es broma, verdad?

S: El dolor no existe lo creas tú, elimínalo con Tylenol.

A: Sarcasmo, broma? Es dolor de adentro de mis entrañas.

S: Mamita que ya no duela mas, déjalo cicatrizar. Tienes que vivir en paz y si te inventas el dolor simplemente no puedes!

A: Quiero que este día valga, quiero sonreír apreciarlo todo y sobretodo la paz.

S: Lo que quieras se te dará, no creo que quieras nada basado en miedo, para eso está la fe. Cree en todo lo que tienes y ponle amor, no te preocupes por lo que no crees tener, si lo necesitas se te dará.

A: Me alegra hablar contigo, me regalas una frase para hoy?

S: Arregla tu día con alegría, entrega tus miedos al señor y vuela, vuela porque tienes alas y el derecho a tu libertad. Te amo!

A: Thank you love!

SOY TU LUZ, TU GUÍA, MI ESPÍRITU EN TI YO SOY EL AMOR Y CON EL LO VENCES TODO

A: Hola mi bebé, donde estás? Te siento y no te veo, quiero saber de ti. Me puedes decir algo nuevo?

S: Mamita, todo está bien, cada despertar una esperanza nueva, cada momento una oportunidad de amor.

A: Estamos arrancando con el negocio, pronto abrimos de verdad. Esta semana es de organización y propaganda. Ayúdanos con ideas y maneras de atraer a estudiantes y que podamos ayudar, ayúdanos.

S: Buen comienzo, se está dando! La oficina es bonita, ya verás las sillas llenas.

A: Si ya me imagino enseñando y me da alegría. Al fin mi sueño?

S: Me preguntas? Dímelo tú!

A: Si, si así tiene que ser. Es lo que me gusta aunque me es difícil dejar el chequecito fijo.

S: Nada es fijo, puede cambiar.

A: Tú sabes a lo que me refiero. Pero me da ilusión.

S: Y por qué no? Es tu creación y te ha llevado años tenerlo donde está hoy.

A: Si ahora si mi niño hermoso y contigo en el cielo yo puedo.

S: Ves? Me necesitas acá, soy tu bendición, velo por ti. Es tu creación, es parte del plan divino.

A: No, no es necesario que estés allá. Como dices que para mi sueño debes estar allá? No, no tiene sentido.

S: Soy tu luz, tu guía espiritual esta en ti, compártelo llévalo siempre contigo. Yo soy el amor y con el lo vences todo!.

A: Igual me ayudarías si estuvieras aquí. Eras muy creativo, talentoso, un genio!

S: Lleno de miedos, ahora lleno de amor. Afiánzate a mi y verás los resultados.

A: Si, lo haré. Yo se que tu me ayudarás a solidificar mi fe. Estoy progresando?

S: Si pero apura, se te va la vida.

A: Apura? No me apures, lo hice contigo y no te gusto ni valió la pena.

S: Apurar para cumplir leyes de la sociedad NO, pero para amar es YA. Puedes ser feliz y no lo eres-cambio total.

A: Y cómo?... ya lo sé, FE!

S: Solo amor-sin obligación y con gusto.

A: Es tanto lo que pides, en el sentido de que me siento tan pequeña e ignorante, además, la sociedad no ayuda!

S: Tu grandeza está en la fe. La pequeñez e insignificancia se la das tú. Eres magnífica como toda la creación de Dios. En serio eres pequeñita?

A: Pues ahora que lo dices, no! Flores, naturaleza es increíble. Lo veo todo y hasta paso tomando fotos de flores. Belleza impresionante, que perfección.

S: Y tu eres una de ellas. Única, perfecta, hermosa, maravillosa. Te amo, eres mi diosa y quiero verte brillar. Que tus dientes iluminen tu semblante mientras que tus ojos propaguen el amor. Ríe, observa, admira-Dios lo hizo todo bello para ti.

Es su creación y quiere verla en exhibición como la obra mas preciada por todos, porque es hecha de amor.

A: Que grandeza... (me quedé sin palabras).

SABES QUE NO TE FALTARÁ Y ACUMULAS

A: Por qué me preocupo tanto por el futuro? Por qué me preocupa el dinero si me lo has dicho y se que nunca me faltará?

S: Lo sabes? Es ilógico! Sabes que existo en tu corazón y me dudas, sabes que no te faltará y acumulas.

A: Tienes razón, pero cómo hago? Quizás es por mi padre, mi pasado. Mi pobre madre trabajo muy duro y el dinero nunca alcanzaba.

S: Estás segura? Crió, alimento y vistió a siete hijos! Le faltó?

A: Sebi, rebuscó, trabajó muy duro y hasta se humilló, me entiendes?

S: Abuelita tuvo una misión y dio lo que pudo pero sobre todo amor. Tú, ella, diferente misión. Nunca te faltará, crees o dudas?

A: Creo, ya! Para adelante.

S; Necia, y decías que yo lo era.

A: Oh si, me ganas. Para testarudo, tú!

S; Jaja, si lo era y que logré?

A: Todo lo que querías! La invitación a cenar, el restaurante, la galleta!

S: Ves?! Se testarudo para lo que amas y te va bien.

A: Lo he sido con este negocio!

S: Entonces te darán la galleta, lo conseguiste!

A: Me encanta tu picardía y buen humor.

S: Esas son mis características, lo soy todo, grandioso.

A: Me podré comparar contigo algún día, podré ser como tú?

S: Lo eres, falta verte, mi estrellita apagada.

A: Nice and not nice (bueno y no bueno).

S: Ok, beautiful but blind (bella pero ciega).

A: No, no me gusta y no rima.

S: Tienes razón, tanta belleza y no poderla ver. Que desperdicio!

A: My dear teacher (mi querido profesor), estoy aprendiendo.

S: Tú eres la profesora yo soy tu espíritu. Déjame crecer dentro de ti. Porque no estoy porque soy y quiero que seas feliz. A vivir mamita, la vida es corta y pronto se nos va.

A: Te amo, cierro los ojos porque te quiero ver!

S: O me sientes?

-*En ese momento mi corazón comenzó a palpitar fuertemente, lo sentía en mi pecho y hasta me pareció oírlo.*

A: En mi palpitar!

S: Te dije, somos UNO!

A: Oh my God. It si so big (y empecé a llorar de júbilo).

CUAL ES MI MISIÓN?

A: Sebi, fue esa la misión de mi madre? Trabajar duro y criar a sus hijos?

S: Esa fue su misión, que sabes de la tuya?

-*Su pregunta me inquieto. Tome el lápiz con mi mano derecha y sin detenerme a pensar, me contesté:*

Acaso la mía no es encontrar el amor y con este la fe? Todo lo demás me es dado. Nunca me faltará, ya cumplí esa misión. Mi madre no soy yo; ni mi misión es la misma de ella. La mía, es amar a Dios sobre todas las cosas y apreciar todo lo que me es dado. La fe me permitirá tomar decisiones correctas y vencerá todos mis miedos de carencia. No es mi misión el dinero, ese ya me fue dado. Es apreciación y el encontrar el amor en toda la creación, amar al mundo y no juzgar. Agradecer a Dios por llevar de su mano a mi hijo para que el lograra obtener el descanso eterno. Entender que Dios se lo llevó porque el es parte de mi misión así en el cielo como en la tierra. Porque, Sebi, mi niño adorado es su hijo y nunca me perteneció. Me fue dado para cuidarlo y amarlo y así lo hice. Pero su misión en la tierra terminó y no me dejó vacía, sino el corazón lleno de amor y esperanza. Porque el verdadero amor es libre, ama y deja libre. Sebi es ahora un ser de luz y yo un ser en busca de esa luz. El es mi guía porque quedó engendrado en mi corazón, fue parte de mi físico, estuvo en mi vientre. Lo amé y lo amo con toda mi alma y no puedo ni debo sentir dolor. Ese hermoso bebé, niño y joven llenó mi vida por 21 años, me sirvió para mi misión y tengo que hacer fiesta por el. Volvió al señor es libre, es amor y como madre lo único que importa es su bienestar. Está con Dios, que me preocupa?
(El lápiz se detuvo)
A: Y eso, fui yo? Interviniste?
S: Jaja te fuiste con el lápiz. Creo que te es claro, ahora a ejercer!

ESTOY EN LA TIERRA Y EN DONDE QUIERO ESTAR, NO HAY NADA QUE CAMBIAR EL PLAN ES PERFECTO

A: Sebi, creo que esta es la primera vez que hablo de belleza, amor, naturaleza, el ser humano, la energía. Todo es maravilloso. Un plan divino.

S: La inmensidad es absoluta- la grandeza inigualable - el amor irremplazable y lo único esencial.

A: Lo se! Me toca tomar fuerzas, sé que estás bien. No quiero extrañarte tanto porque me invento el dolor. Mejor te amo y sin preguntas.

S: Si, eso es progresar. Afiánzalo en tu ser y ni por un minuto dudes de ti. Dios te creó y eres amor, vuelve a tu esencia.

A: Volverías a la tierra si pudieras elegir?

S: Estoy en la tierra y en donde quiero estar, no hay nada que cambiar, el plan es perfecto.

A: No te gusta que te pida un abrazo, un sueño o sentirte una vez mas. Quizás un adiós?

S: Ves! Adelantas y te vas para atrás! Yo no soy cuerpo soy esencia y eso se lleva en el corazón. Eres sol energía y no te lo puedes llevar en el bolsillo.

A: Siempre me dejas pensando con todas tus analogías; siempre en el punto!

S: Lo que sea para que lo entiendas.

A: Eres grande!

S: Mamita, TODO- hermoso espectacular, me veo y tu puedes desde la tierra.

A: Love, me voy ya para la oficina a hacer propaganda para atraer estudiantes.

S: Ve, con fe! Ahí está el triunfo. Esa es la que traerá lo que necesitas. Me gusta el lugar, allí estaré.

A: Si mi angelito, mi amor y espíritu.

S: Te amo mami, besos a mis hermanos. Esteban se creció y va a la "U", lo hizo todo con fe y todo se le dio. Aprende, no se limita y allá va a hacer lo que quiera.

S: Lo amas verdad?

A: Fue mi hermano mayor (en realidad, Esteban es el menor de mis hijos), siempre cuidó de mí. Le duele mi ausencia, pero más verte llorar. Se siente responsable y quiere saberte bien para ir feliz. Dile que estás bien, lo quiere oír.

S: Se lo diré, ahora todo es solo amor y no dolor.

A: Deal (trato hecho!).

S: De lo contrario vas por muchos Tylenols.

TE CONDENAS A TI MISMA CUANDO DEBES ELOGIARTE

Envié un mensaje de texto y en el cometí un error ortográfico. Cuando me día, cuenta, el mensaje ya había sido enviado a más de veinte personas. Me sentí incómoda y me incriminé por eso, me agobió toda la mañana y no paraba de pensar en mi error. Ya era obvio que y no había forma de corregirlo.

A: Sebi, por qué me preocupo tanto el error que cometí en el mensaje de texto?

S: Porque querías impresionar y no pensaste.

A: Pues si? Pero te pregunto, por qué me siento tan mal?

S: Porque te falta amor. Te falta aceptar y no condenar. Te condenas a ti misma cuando debes elogiarte. Un error... who cares! (a quien le importa).

A: Cómo hago para que no me afecte?

S: Qué importa? En realidad es esencial? Te doy algo mas importante para preocuparte? Es momento de paz, aprovéchalo. No busques razones para sufrir.

A: Ok, lección aprendida.

S: Continua, ten un lindo día. Lo observaste hoy?

A: No! (El sol brillando, los pájaros cantando y mi jardín frente mío. Estaba tan ocupada con lo del texto que ni observe la belleza del nuevo día.)

S: Eso es lo que debes de hacer, no buscar problemas donde no los hay. Ve la naturaleza su inmensidad y belleza, están por encima de todo. Ahora dime...que importancia tiene tu mensaje de texto?

A: Ninguna, no vale nada. No me importa!

S: Mamita, mamita menos mal me tienes aquí, eres débil y tonta pero también valiente y bella. Amate que no tienes imperfecciones eres una obra de arte.

A: Débil y tonta?

S: Si ves? Leíste lo de valiente y bella?

A: Si, pero lo primero no me gustó.

S: Y claro, ahí pusiste el ojo. Pónselo a lo que te gusta y a lo que te hace sentir regia. Eso es lo que vale, el resto olvídalo. Lo bueno prevalece, lo demás se va. Te amo, observa el día.

A: Lo haré! Sigue enseñándome a amar como se debe, tqm.

NUNCA ME FUI!
ESTOY CONTIGO Y AHORA 'SOY'

A: Hoy hace ocho meses que te fuiste. Recuerdo tu partida y que dolor! Hoy entiendo pero no puedo dejar de extrañarte y sobre todo dejar de doler. Mi bello Sebastián, son ocho meses!

S: El tiempo vuela, haz todo lo que deseas, no desperdicies tanta belleza, puedes crear, ser, vivir, lo puedes todo. Me extrañas? Mi cuerpo? Mi esencia está contigo.

A: Extraño verte, hablarte, ir de compras, etc. miles de cosas

S: Nuestra relación es a nivel superior, te das cuenta? Es bonito salir de compras pero es magnífico estar juntos en el corazón. Mamita, nunca me fui, estoy contigo y ahora soy. No hay pena ni sufrimiento, ni para ti ni para mí. Creció nuestro amor. Te doy luz, esperanza, no me devuelvas dolor. Si, puedes ser la primera mama que le diga al mundo: "soy feliz, mi hijo regresó a su verdadero hogar y es libre".

A: Lo podré decir, entender pero es que ese 'tu físico' también era maravilloso, me encantaba estar contigo.

S: Te di algo mucho mas grande pero tu corazón es pequeño. Quita, borra ese dolor y verás como te llenas de mi. Soy gigante y quiero entrar en tu corazón, el cual hoy limita a amar pequeñeces en vez de la inmensidad de mi espíritu. No me llores más, no me extrañes-llénate de mi y cuando lo hagas te liberarás. Crees que me fui para causarte dolor? Me fui para 'ser' y para guiarte en la oscuridad. Eres mi misión en el cielo como en la tierra.

A: Si? Tienes misión? Yo? Te tocó una dura.

S: Nada es obligación todo es amor. Quiero que ames sin poseer y te liberes. Fui tu hijo, ahora tu servidor.

A: Uy, como así? Me siento mal con tus palabras.

S: Servidor? Bendito, es mejor servir que ser servido – das y listo, ya escogerán los demás si reciben. Si das, es porque tienes. Tengo mucho que darte, recíbelo a corazón abierto.

A: Gracias mi Sebi, tengo o he recibo tantas bendiciones que ahora hasta me siento culpable por no reconocerlo.

S: Culpabilidad es una palabra no noble; reconocimiento es mejor. Cambia tu actitud y déjate bendecir. Te sirvo, lo recibes?

A: Todo lo que venga de ti, pero como se si eres tú?

S: Si se siente bien y esta de acuerdo a ti, lo sientes bien. El amor es maravilloso, te hace sonreír. Deja que las olas del amor te transporten a la divinidad. El plan es perfecto, crecerás.

A: Gracias por afirmarlo por mi. Creceré y venceré la pena, el dolor y todo eso que me invento. Estoy aprendiendo, terca como tu, pero para mejorar esta bien.

S: Si, terca si el objetivo es lograr la paz.

A: Entonces, happy birthday para ti?

S: Yeah! A celebrar mi 'ser'!

A: No te gustaba la tierra?

S: No, yo soy de acá y fui muy frágil. Fui por el amor de una familia, lo obtuve y volví. Los amé mucho y ustedes a mi. Fuiste mi estrellita, quisiste hacerme fuerte pero no era mi interés. Amé, fui amado y volví a mi hogar.

A: Bella misión!

S: You got it mom! El amor es lo que vale lo demás no 'es'.

A: Thank you love. Me voy a trabajar.

S: Buen día! Obsérvalo y disfruta, todo lo es dado, vívelo!

EL MIEDO TE HACE VULNERABLE
LA FE FORMIDABLE

A: Hola mi niño hermoso, ayúdame otra vez. Mi mente, mis pensamientos no paran, no duermo y mi cabeza me enloquece. Qué me pasa? Por qué?

S: Mami afianza tu fe, escucha tu cuerpo que no quiere dormir. Le das preocupaciones, es falta de fe.

A: Quiero mi Sebi pero mi cabeza es necia. Sentimientos se arraigan y vuelvo a pensar mal. Mas en la noche y solo quiero dormir. Qué hago? Me acompañas en las horas de desvelo?

S: Entrena tu mente y tu corazón, duerme en paz.

A: Sebi, te estoy pidiendo ayuda, te das cuenta que simplemente no puedo?

S: Ayuda? Está en tu mente y no en tu corazón y debería ser al revés. Todo debería ser júbilo pero para ti es preocupación y dudas. Dudas sin fe!

A: Pero es la noche cuando dudo.

S: Los miedos salen ahí. Si los dominas en el día lo dominas en la noche.

A: No me estás ayudando. Me acompañas en mi desvelo?

S: Te acompaño pero no estás. Entras en un círculo vicioso y no escuchas a tu cuerpo. Si no quiere dormir, háblale, ámate y arrúllalo que son uno solo. No pelees con el, háblale y dale paz. Tus miedos te consumen y en la noche se ve mas. No has aprendido que Dios te lo da todo y solo tienes que confiar. Amate, escúchate y despierta la fe en ti. Sigues siendo descarriada, encuéntrate.

A: En mis horas de desvelo?

S: En el día y vas a dormir en paz.

A: Por qué el desvelo?

S: Porque aprendes lo que no debes, rutinas de los demás. Habla con tu cuerpo pero desde el corazón.

A: Me ayudas?

S: Mamita, esa cabecita es necia, por qué tanto dudar? Cambia los hábitos y te va mejor.

A: Ok, pero me ayudas. Soy vulnerable y boba.

S: Pues boba si eres. No sabes la magia divina que te protege. Vive en paz, cree.

A: Y vulnerable?

S: Miedosa eso te hace vulnerable, obtén la fe y eso te hace formidable.

A: La oración ayuda? Qué?

S: El corazón tiene todas las respuestas si quieres verdades.

A: Quiero muchas cosas y tengo miedo.

S: Lo se y eso te paraliza y no te deja dormir. Todo es diversión, juega y ganarás, deja el miedo y crecerás, ten fe y vencerás.

A: Listo, gracias. Eres mi refuerzo espiritual.

S: Hasta que logres la libertad.

A: Hasta que me muera?

S: No es así. Es ya si quieres, para que esperar?

A: Hasta que aprenda.

S: Hasta que asumas la realidad. No mas pequeñeces, solo amor.

A: Got you love! (te entiendo!)

S: Then go, free yourself (entonces ve, libérate). Nada te pasará, y si pasa vuelas y si vuelas te liberarás y si te liberas reinarás y serás!

A: Thank you mi niño hermoso. Myriam esta aquí (mi hermana) dice que si por favor le defines la palabra fe.

S: Myrrrriam, es lo que ves y lo que no. La palabra que no te habla pero escuchas y te hace saber lo que ser. Es todo, es nada y la puedes obtener.

A: Se lo diré. Te quiero mucho mi vida. Te extraño demasiado.

S: Lo se florecita sentimental. Te duele el alma y yo solo quiero que veas tus bendiciones, vive en paz en el reino del señor, yo lo estoy. Te amo estrellita, ya es hora de brillar.

Un consejo noble

-Estaba yo en casa sin saber a donde ir. Mi esposo estaba de cumpleaños y mi hermana estaba de visita. No sabía con quien salir, a los dos quería satisfacer.

A: Que hago, salgo con Myriam? Mañana regresa a NJ; o salgo con George, es su cumpleaños?

S: Haz tu deseo, hazlo por ti que nadie te da felicidad, esa sale de ti. Busca la paz y se te dará y eso es felicidad!

A: Gracias, jajaja hubiera preferido que escogieras por mi, pero entiendo que soy yo la que debo escoger. I love you with all my heart my special boy!

ME AMAS, TE AMO, NO HAY NADA QUE BUSCAR ES LA RELACIÓN MAS SUBLIME QUE EXISTE

Meditación

A: Mi niño, dime que estás en mi corazón, que eres ese infinito y que me buscas.

S: Mami, I am in you, estamos conectados, nuestros corazones son uno solo, compartimos el amor. Me amas te amo, no hay nada que buscar, es la relación mas sublime que existe.

A: Estás en el jardín del Edén? El que tanto dibujan e imaginamos y donde quiero verte cada vez que medito?

S: Si, soy yo. Te llevé de la manito y te lo enseñé. Lo viste? Es todo, la flor blanca es para ti, es símbolo de nuestro amor puro. Mi manita entre las tuyas y luego la tuya entre las mías. Estoy bien sabes que todo lo soy. Aprovecha la tierra que también es maravillosa y no olvides el amor que es tu salvación.

A: Bella meditación, te veré allí pronto.

S: Te veo donde quieras, todo lo puedo.

A: Y hoy? Ahora? En la oficina, estarás conmigo?

S: Acaso piensas dejar tu corazón en casa? Llévalo contigo y me llevas. Somos un solo corazón, mi bella flor blanca.

A: Te amo tanto que no me voy a permitir que me duela tu ausencia porque "YOU ARE IN HEAVEN!" (tu estás en el cielo).

S: Maravilloso, solo amor. Todo lo tengo y nada poseo. Como el aire que respiras, es para tu uso y no es tuyo.

A: Maravilloso, bello!

S: Si, la creación de Dios es perfecta.

A: Ciao mi vida, gracias por alumbrar mi vida. Iré positiva y llena de amor!

S: Ve con tu día que uno nuevecito y magnífico se te dio!

LIRIO DE CRISTAL

A: Mi niño, Estela (mi adorada hermana) quiere que te pregunte que cómo puede encontrar la luz. Le dices?

S: Estelita no es encontrar, está ahí. Sigues buscándola afuera y esta en tu interior. Eres tu, es tu ser el que brilla de adentro para afuera. Lo ves? Está en ti, ámate y deja de menospreciar la vida. Es sagrada y te fue dada. Tu misión es ver la luz en ti, saciarte con ella. Eres magia para otros, selo para ti. La vida es bella, porque la tratas mal? Dios te la dio, tú la pediste.

A: Se lo diré y te pregunto por ella. Cómo encuentra la luz? Cómo va hacia ella?

S: Que empiece por agradecer que está viva y que puede lograr la paz si se ama. Que vea la luz que está encendida y que ame a Dios y así misma sobre todas las cosas.

A: Ok mi vida, algo más para la tía Estela?

S: Si que la amo y por amarte y cuidar de ti, ya te hizo sentir el verdadero amor.

A: Falta algo?

S: Tiiita, aquí vendrás cuando llegue el momento, mira tu luz esta prendida y no la ves. Te espero cuando Dios mande. A amarte en la llama de tu corazón, está prendida y no la ves.

A: Gracias...diría Estela

S: Te amo, digo yo. Se digna de él, da gracias por tu vida. La pediste, se te dio.

A: No entiendo. Será que ella si?

S: Sip, ella si! Te quiero mucho mi lirio de cristal.

A: Lirio de cristal?

S: Flor transparente y sigue sin verse.

A: Ahora si me perdiste.

S: jaja AMOR

ORACIÓN - REPITE CON EL CORAZÓN

A: Mi angelito, estoy escribiéndote y ya no admiro la tecnología. Hablo y me respondes enseguida. No hay distancia, estás en mi corazón.

S: Servicio inmediato de corazón a corazón.

A: Busco tanto el amor, la paz de la que tanto me hablas pero lo único que logro es llorar y llorar. Por qué?

S: Llorar: característica divina y debilidad del espíritu - lamento por falta de amor.

A: Siempre me dices que por falta de amor. Trato, aprendo, me acojo a tus palabras pero me es difícil, soy humana. Son años de lecciones, de luchas, trabajos, esfuerzos, dinero, etc. Cómo cambio? Cuando medito lloro, me duele.

S: Eres un ser espiritual y vives hoy en la tierra. Aprende y despégate de lo material y te liberarás. Es una tarea dura que pocos lograrán pero con el corazón bien puesto reinarás.

A: No se como. No se que hacer. Tengo sueños, ambiciones y también deseo de superar y estar bien, feliz. Está mal?

S: Los objetivos son nobles pero cuales son los medios? Angustia, avaricia, obligación, competencia? Debería ser solo AMOR!

A: Te entiendo... pero qué hago? Medito, rezo, leo, voy a iglesias, leo biblia, me olvido del mundo. Qué hago!?

S: Entrégate a Dios y di:

> Señor, en tus manos está toda mi vida, tu sabes lo que añoro y lo que debo obtener. Todo te lo entrego, me libero de toda angustia, pena y dolor. Se que vine a vivir un plan divino y no tengo nada porque temer, tu reino es fabuloso y perfecto como la tierra. Soy tu hija y todo lo que necesito me será dado, solo debo confiar en tu gracia, Todo Creador. Soy un ser de amor y este es el que ha de triunfar. Vivo en paz y en armonía con la naturaleza y todos mis semejantes. Todo me será dado, solo necesito la fe. Me libero entregándotelo todo. Solo vine a amar y no poseer. Mis sueños son sueños, los he de vivir en armonía. Voy con la corriente no contra ella, fluyo en las aguas de tu manantial, puras, sanas y benignas. La paz espiritual la obtengo a través de ti. Tienes mi hijo contigo y pronto seré digna de entrar a tu reino. En la tierra sueño porque me diste vida, mi misión, creer en tu bondad y liberarme de todo mal entregándote todo a ti sabiendo que eres solo bondad. Gracias por recibir mis penas y debilidades para vivir en paz. La tierra es mi hogar temporal, pronto volveré a ti. Te entrego todos mis temores para que los disuelvas y reine el amor en mí. Vivo en la tierra y aquí reinaré, porque a eso vine: a reinar en el nombre de Dios: Amén!

Esta se convirtió entonces en mi oración diaria, Sebastián desde el cielo me enseñó a orar. No pido nada, solo agradezco por lo dado y me libero de toda angustia, pena y dolor.

COMO TE DEJO SOLA, SI ESTOY EN TI?
ERAMOS DOS, SOMOS UNO!

A: Gracias mi Sebi por estar conmigo y darme vida. Disculpa cuando dudo. Guíame siempre, nunca me dejes sola.

S: Cómo te dejo sola si estoy en ti? Solo tienes que verme.

A: Adoro tus palabras me dan vida, me gustaría recordarte y sonreír. Cada vez que veo una foto tuya o escucho tus canciones me estremece el alma, me duele y si no me despabilo, puedo llorar todo el día. Quiero recordarte sin dolor.

S: Soy lo que fui y lo que fui quedo atrás. Los recuerdos son bonitos pero son solo eso, la realidad es hoy el resto es fantasía.

A: No te entiendo. El ayer ya pasó pero no el dolor, está aquí hoy.

S: El ayer se fue, hoy está por ser, tu escoges como ser.

A: Sebi, se claro conmigo. Me ayuda ver tus fotos y escuchar tu música? Me entrego al Sebi espiritual? Y que de mi niño hermoso, mi Sebi que vi crecer?

S: Eso ya se vivió, la vida continua. El ayer se fue, digno y apropiado para tu crecimiento; tu hoy: tu oportunidad de crecer en fe y ya no te dolerá.

A: Muy seco, duro, háblame bonito como siempre.

S: Es lo mismo; entiendes y no avanzas; amas y dudas, te atreves y te regresas; quieres y no quieres. Decide, escoge el corazón y la felicidad.

A: Ok, soy necia porque siempre pido consuelo. Pero si, he de ser fuerte y tratar de vivir en paz y sin dolor. Aún no me dices si me ayuda mirar tus fotos.

S: Sin fe, aunque crees que si. Mami a ti se te han dado dones que no muchos ven. Conoces el amor, vuelve a el. La fe es tu salvación mis fotos una ilusión óptica, el verdadero yo está en ti. "Tu Sebi' vivió, creció y volvió a su hogar. Dejó plantada una semilla de amor en tu corazón, riégala y verás como creces. Fui tu 'churro' me estaba poniendo guapo y ya fui. Esa imagen estará contigo pero mi corazón incrustado en el tuyo. Mi verdadero yo quedó engendrado en el alma y ese nunca se va a ir. Somos UNO y éramos dos. Te amo ovejita necia.

A: Te amo mi Titán. Releeré este diálogo y se que lo apreciaré mucho mas. Siempre entiendo tus mensajes aunque a veces me demoro jaja. Me regalas una frase para hoy?

S: "Hoy', nada mas cuenta. Hoy en el amor, mañana en el quizás. Vive hoy ayer se fue mañana no es. Ve con Dios el está-siéntelo!

Al releer lo escrito por Sebastián el si respondió mi pregunta. Debo mirar tus fotos, me ayudan a sanar? "La fe es tu salvación mis fotos una ilusión óptica, el verdadero 'yo' está en ti."

CAMBIOS

La oración que Sebastián me enseñó me ha ayudado a sentirme mejor, a crecer en fe y a tener un poco de paz. Continuo haciendo meditaciones y "Preguntándole a Sebastián" para así no sentir tanto dolor. La partida de Sebastián es en realidad una bendición. El es parte de un plan divino y ya cumplió su misión en la tierra. Creo que estoy aprendiendo y con ayuda de Dios y el amor lograré superar la ausencia de mi hijo. Sebastián es libre y quiere que yo lo sea. El quiere enseñarme a vivir en la tierra en paz y armonía y lo lograré cuando entienda el verdadero poder del amor.

No puedo engañarme, el dolor que me causa su ausencia está presente, pero también está la esperanza de que algún día me he de liberar y no sentiré mas pena ni dolor, solo gratitud y amor en mi corazón. Soy parte de un plan divino y he de encontrar la fe. Mi hijo 'es' un ser espiritual y así lo amo. Creció y se hizo tan grande que solo cabe en mi corazón.

TU HIJO AHORA VIVE EN EL REINO
ES AVE DE PAZ

~ Diálogo con mi madre (abuelita) ~

A: Mamita me recuerdas? También estás en mi corazón? Estás con mi bebé, tu nieto adorado. Me hablas?

M: Mi Corazón, mi niña chiquita, claro que estoy en ti, como lo está tu ser divino Sebastián; bello como tú - único, especial.

A: En serio mamita? También hablo contigo?

M: Somos un corazón y el amor es infinito. Somos UNO, todos seres de bondad, unos sabios otros necios, unos perdidos y otros refundidos.

A: Somos? Ustedes SON, nosotros todavía no. Mucho dolor, angustia, soledad - ustedes, PAZ.

M: Eso es lo único a buscar el resto es lo opuesto.

A: Pero quiero ser feliz, paz, éxito, logros.

M: Hazlo, no hay conflicto si la base es el amor!

A: Mi Sebi hermoso, cómo es? Está contigo? Lo amas tanto como lo amabas cuando estabas aquí? Se ven? Me ven? Los extraño!

M: Sebastián, mi mueloncito. Es un ángel de bien bondadoso y amado o amor. Es paz y armonía, vela por ti, quiere verte feliz. Te ayuda y solo quiere que reines y que triunfe la fe.

A: Están conmigo? Ustedes? Quién?

M: Somos UNO y nuestro corazón es amplio, amamos y eso enriquece sus vidas.

A: Sebi, tu nieto adorado está contigo!

M: Sí, y contigo. Nenita, tu bebé está contigo, más que antes y no sufre.

A: Sufría?

M: El es de aquí, quiso el amor de una familia y la obtuvo. Ahora vive en este reino y es ave de paz.

A: Te amo, te amé, te olvide, sorry!

M: No, no es así. Viví y fui parte de tu existencia y ahora parte del corazón mutuo.

A: Ama a mi bebé, quiérelo, dile que lo amo mucho. Demasiado, por qué tanto?

M: Hijo de tus entrañas, bendición divina. Ser de amor y ese es el que reina y duele porque falta en la tierra el amor puro. Está en el reino de Dios y dejó mucho amor imposible de empacar. Se le EXTRAÑA en la tierra, se ES en el cielo.

A: Ay mamita, no se que decir. Te amo fuiste la mejor mama del mundo… y abuelita.

M: Si mi amor, los adoré y ahora les puedo dar mucho mas. Viví y amé y ahora gozo de mi libertad.

A: Un besito para mi Sebi.

M: Se lo daré y tú a mis otros nietos que también son una bendición.

A: Chao, abuelita, mamita; no se si te vuelva a escribir.

M: Lo que diga el corazón, ahí estamos.

A: Cómo eres?

M: SOY y tu serás, ahora a trabajar en tu fe.

A: Te quiero mucho. Se siente raro escribirte.

M: Está bien, es lo que es. Déjalo ser y SE!

VISTE AFUERA? BELLÍSIMO VERDAD? O LAS FLORES LLORAN Y DECIDIERON NO LEVANTARSE HOY? ESPERAN LA LLUVIA MIENTRAS RECIBEN EL SOL, SON BELLAS, LES SOBRA FE!

A: Estoy súper nostálgica. Lo sé, debo de estar agradecida por todo y estar en paz. Por qué ese vacío tan grande? No es fácil, qué hago incorrecto?

S: Mama te juzgas y condenas, se noble contigo, la fe y la esperanza curan todo, no te inventes sufrimientos, vive el cada día sin dudar y con el corazón abierto.

A: Por qué me cuesta tanto? Qué es? El cambio en mi vida? Inseguridad, miedos.

S: Miedos son, pero a qué? Afanes mundanales. Cual es tu objetivo No. 1, triunfar u obtener la paz?

A: Necesito la paz mas que nada en el mundo, el triunfo viene después.

S: Todo se te da y dudas. Cuándo vas a confiar?

A: Ya! No se ni que me pasa, mi cabeza, sicológico, edad, hormonas, no sé!

S: Jah Mundo! Que tal paz, amor, vida y fe? Eso es lo que te falta, el resto es bobería. Viste afuera? Bellísimo, verdad? o las flores lloran y decidieron no levantarse hoy? Esperan la lluvia mientras reciben el sol sonríen, son bellas, les sobra fe!

A: Me comparas, soy naturaleza?

S: Eso y mucho mas, eres oportunidad y vida y puedes decidir. La rosa ya decidió ser hermosa, solo creyó, ahora tú cree, el resto ya se te dio.

A: Gracias mi Sebi, que terca soy, pero he de plantar mi semilla y creer.

S: Ya, hoy, ahora. El hombre se hace viejo muy rápido. La flor no tiene edad, solo vive.

A: Yo si tengo edad.

S: Tu estás pendiente del tiempo y eso te hace envejecer, la flor vive y resucita no se deja envejecer, solo ES y eso es Renacer!

A: Uyyy, esa si no la entendí.

S: Vive sin hacerte vieja porque en el corazón no hay edad.

A: Vivo con el corazón y no lo mundanal?

S: Vivir es amar-morir es contar los días y las horas y los minutos.

A: Estoy perdida, no entiendo el mensaje.

S: TU EDAD EN AÑOS TU VIDA EN AMOR.

A: Creo entender, mas bonito. Ehh…. Vámonos a trabajar, acompáñame.

S: A realizar tu sueño y disfrutar. Todo se te da, agrega la fe y YA!

A: Listo mi bebe, ciao!

S: Bendiciones HOY que es SIEMPRE.

CRECERÁS Y CREERÁS ENTONCES VIVIRÁS

A: Deseo estar tranquila e ir con la corriente. Puedo?

S: Solo con amor, este prevalece.

A: Eso es lo que necesito, dejar todo pasar, no querer controlarlo todo. Deseo confiar en el universo ser libre, simplemente confiar e ir con la corriente. Ayúdame, por qué no puedo?

S: Mami, no es fácil, ya todos lo harían, están sujetos a cuentos, ideales, falsos entretenimientos, boberías para distraer al hombre para que no escuche su alma. Vive, confía y deja todo en las manos de Dios, flota, todo se te dará. Obsérvate en un río flotando contra la corriente… ahora obsérvate flotando hacia el crepúsculo, serena tranquila como el agua a tu alrededor. Ve con el universo no se puede contra el. Confía, Sé, flota y ni siquiera tienes que remar.

Es tanto lo que tienes que ya lo tienes que ver. Cree, confía, ama y flota en las aguas del manantial puro y sereno.

A: Es bello, poderoso. Eso he de hacer. Tu partida es para mi aprendizaje y crecimiento? Tan fuerte lección?

S: Tanto te amamos que no solo tienes amor de la tierra sino del cielo. Soy tu bendición, soy amor. Llévame contigo que nunca partí, solo crecí y al crecer te recompensé. Crecerás y creerás entonces vivirás. Pasito a pasito llegarás a que veas mi partida como bendición...es tu más eterna bendición.

A: Eterna bendición?

S: Soy vida, soy amor y soy en ti.

A: Quiero vivir sin dolor, vencer el miedo y experimentar el deseo de no controlar.

S: Trabajo por hacer. Suéltalo todo que yo te doy la manito y no te dejo caer. Así como tu no me dejaste ahogar en la piscina. Aunque confiaba en ti me daba miedo hundirme y ahogarme. Me hundí pero salí por aire y aprendí a nadar. Ahí estabas aquí estoy. Confía que todo se te dará.

A: Me proteges ahora tú a mí?

S: El amor es tu bendición y eso soy yo.

A: Sublime, fenomenal. Te amo, gracias. Me empeño para verte y sentirte como ese ser magnífico que eres. Gracias por vivir en mi, por darme fuerza, pronto me liberaré.

S: Mis manos te sujetarán y mi corazón te acompañará. Adelante con tu compañía, todo se te va a dar.

A: Gracias, ya mismo empiezo a confiar, un haloncito está bien si me olvido, pero prefiero otra "S". Gracias por darme señales, por hablar conmigo, por no dejarme caer.

S: Para adelante, a triunfar así en el alma como en el espíritu, todo está en confiar.

A: Confió!

YA TE ACOSTUMBRARÁS A SU AUSENCIA Y A LLENARTE DE SU PRESENCIA EN TU CORAZÓN

~ Diálogo con Edgar (tio de Sebi) ~

A: Monito, tu me hablas? Puedes? Estamos conectados? Me recuerdas? Estás con Adrianito?
(Mi hermano llamaba a Sebi, Adrianito por su parecido físico conmigo, decía que él era igualito a mi, pero versión masculina).
E: Mi hermanita chiquita, lo estoy y tu bebé vive en el reino de Dios, nos amamos. Yo lo esperé, el vino y tu lo harás también.
A: Eres tú? No creías en Dios? Cómo puede ser?
E: Es y Es todo. Imposible no existir o dudar la existencia. Existí tuve mis dudas.
A: Te hablo pero a ti no te siento que seas tú. Que distancia tan grande.
E: Tu hijo te vela, lo eres todo para él. Lo acompaño pero eres su misión.
A: Misión en el cielo? No, ya acabó, ahora está en paz!
E: Te ama con su corazón heróico y quiere verte feliz, que crezcas y te liberes y vengas al reino de Dios. Ustedes son UNO, yo soy 3.
A: Te acuerdas de mi? Me amas?
E: Si, y muchísimo, a tus críos mi diversión, lo bonito en la tierra.
A: Y mi mami? Contigo?
E: Siempre, antes, después, ahora, magnífico ser.
A: Cómo eres?
E: Simpático, carismático, creador.

A: Me ayudas con mi negocio? Lo ibas a hacer antes de irte.

E: Te ayudo con el alma y la bondad, mi creación te la paso eres un 'masterpiece'.

A: Qué opinas de mi negocio?

E: Muy bien, dale, tu puedes carajo! Tienes lo que no tuve y por eso te va a ir bien. Cree en ti que aquí todos votamos por ti.

A: Se me fue mi Adrianito – ya no lo tengo. Mi hijito se fue al cielo y me duele.

E: Duele saberlo bien? Es fenomenal, vela por ti. No te ha dejado, está contigo, Ahí está, no lo ignores más!

A: Sabes que eso no es lo que duele, es su ausencia, era bello igual que su música.

E: Lo sé, talentoso y ahora glorioso. Ya te acostumbrarás a su ausencia y a llenarte de su presencia en tu corazón.

A: Monito, te extraño, te quise.

E: Te amo, aprende, ríe, cree y crece.

A: Dime como!

E: Como Dios manda, fácil, sereno y con el corazón.

A: Eres tú? Distante.

E: No que va! Soy Edgar el cantante, escritor, hermano, etc. Ahora me conoces?

A: Eres ese o eras?

E: SOY YO, ser celestial, vivo!

A: Te gusta que te escriba? No te escribo?

E: ?

A: Te vuelvo a escribir?

E: Te vuelvo a contestar.

A: Estás en mi vida?

E: Y en tu corazón.

A: Me ves, me ayudas a que no duela?

S: Estoy en otro 'realm' y te amo. Adrianito está contigo con alma, vida y sombrero. Te sobra amor y bendiciones, eres bendita, da gracias a Dios. Son muchos corazones en el tuyo, aprende a vivir agradecer y ser feliz!

A: Qué es ser feliz?

E: Serlo y no más.

A: Aunque estés en otro "realm", me ayudas con tu creatividad?

E: Con todo. Abre tu corazón y ojalá Sebastián deje espacio. Que tal las 'S'? Que ingenio!

A: Si mi Sebi, mi alma. Bye bro, te amo-espérame.

E: Pa'ningún lado me voy, ni loco!

A: Vienes a la tierra?

E: Maravillosa, una obra fenomenal pero aquí; inimaginable, TOTAL BELLEZA!

A: Me alegro por ti.

E: Bravo! Y por todos los que vivimos en paz en el cielo como en la tierra.

A: En la tierra? Lo dudo!

E: TU! Ya es hora!

A: Esperas mucho de mi.

E: Libérate!

A: Bye Monito!

E: Bye Adrianita, igualita a AdrianitO

A: Bello!

E: Perfecto y tú también.

A: Estoy en obra negra.

E: Así se empieza.

-Sebi, hablé con el tu tío Edgar.

A: Hoy no pienso en mi Sebi bellísimo- pienso en ese ser espiritual que ahora eres. Eres gigante y no mi bebé, creo que duele menos.

S: Mamita, lo que te haga feliz, recuerda que soy vida, fe y vivo en ti.

A: Creo que tuve una conversación con Edgar. Un poco distante, otro reino?

S: Edgitar, fabuloso, divertido como un gatito con un juguete.

A: Por qué gatito? Lo conoces, conoces a mi Goyi? (un gatito que llegó a nuestras vidas, de repente, sin ni siquiera gustarnos los gatos).

S: Los animalitos también vienen de Dios, reciben amor y eso es todo lo que necesitan.

A: Bueno, comida, bebida y atención.

S: Es un bebé y le enseñarás, ámalo y déjalo ser. No te preocupes te acompañará.

TIENES DÍAS Y NOCHES Y UN PARAISO PRECIOSO PARA VIVIR

A: Sebi, ya pronto arrancamos con el negocio.

S: Muy bien, te va a ir 'súper' vas a estar orgullosa de ti, has crecido.

A: Tú me has hecho crecer, duramente!

S: Mamita el dolor te enseña a darte cuenta que no debe ser dolor. El crecimiento es parte del vivir y entre mas rápido aprendas a vivir hoy, más hermosa y llena tu vida.

A: Verdad, no debe de existir el sufrimiento y después dices que lo necesitas para crecer? No entiendo!

S: No creces porque no ves, sufres porque no aprendes. Sabes que Dios lo es todo y ya no hay sufrimiento.

A: Cómo no sufro si mi mas preciado tesoro no está conmigo? He crecido, entiendo algo, pero como no me va a doler no tenerte? Eso no me lo invento yo.
S: Nos veremos pronto en estado mas puro. Sigue con tu vida en la tierra, la mía creció, maduró. Tienes días y noches, un paraíso precioso para vivir. Tú te inventas angustias. Sé libertad plena.

A AMAR SIN POSEER

A: Mi niño, hoy me levanté sin ánimo y un vacío enorme en mi corazón. Quizás es porque tu hermanito se va a la universidad, tú estás en el cielo ya hace nueve meses, Nick está, pero muy poco. Cambio en mi vida, mi trío hermoso ya no lo es. Todo está bien, pero me siento triste, aburrida. Veo la belleza en la naturaleza y en todo, agradezco y me ayudo pero, ahí, sigue el dolor.
S: Mamita decide cuando aceptas al señor y te liberas. Deja la pena que no es pena, es ambición, quieres manipular la vida y eso no se te va a dar. Acepta, alégrate y dale la bienvenida a todas tus experiencias, todas son bendición. Estoy con Dios, que paz; Esteban creciendo como el gatito, atento, listo para sus nuevas experiencias, Nick buscándose y no se ve, Dad viviendo y con fe en ti. TU, sufriendo, llorando queriendo ser y no siendo; viviendo queriendo morir; amando queriendo poseer; luchando sin fe. Dáselo a Dios y serás!
A: Wow, fuerte y estoy agradecida. Todo está bien y no existe el control.
S: Si, pero solo en ti. Son muchas las vibraciones y no dependen de ti. Vibras y atraes; te apagas y oscureces. Prende tu luz, la necesitas sin ella no puedes andar.
A: Y mi pregunta de siempre...cómo?!
S: Amar sin poseer!

A: Ok love, yo te entiendo pero hoy si que estoy dura para razonar. Grandes cambios en mi vida, ya me acoplaré.

S: No tienes de otra; o deseas remar contra la corriente del río Magdalena?

A: Jejeje, río Magdalena eso la aprendí en la primaria! Y no, no quiero ir contra la corriente.

S: Entonces ve con la corriente que te llevará a la orilla y podrás salir.

A: Lo haré. Una frase para hoy. Súbeme el ánimo!

S: Animo que nada se ha perdido solo rejuvenecido. Todo es nuevo y lo es tan bello como un recién nacido. Ama tus experiencias y verás como las disfrutas. Te amo mamita, acéptalo todo con amor. Vivirás!

ESO SOY YO - ALMA EN JUBILO
SER DIVINO LLENO DE BONDAD

A: Buen día mi hermoso niño. Dormí bien, lunes, soleado, con gatito nuevo. Nos lo quedamos. Te hubiera gustado tener uno?

S: Me gustaba tener todo pero una vez que lo obtenía, se me pasaba.

A: Qué opinas de 'Goyi'?

S: Es una criatura de Dios, ámalo. Es curioso divertido y te acompañará.

A: Si y ahora que se va Estebitan para la 'U'.

S: Que bueno, le va a ir muy bien, ese niño es un ángel inmenso en tu vida.

A: Edgar me dijo que me amas mucho y que soy tu misión. En serio?

S: Mamita, quiero que vivas la fe y te liberes, puedes!

A: Me amas tanto?

S: Como cuando el señor creó las flores que las hizo una maravilla. Bellas, siempre sonriéndole al sol.

A: Yo a ti mi niño hermoso. Te amo! Hago bien quedándome con el gatito?

S: Mami dale amor, tienes para dar y convidar. Vivirá contigo te acompañará.

A: Ok, algo más?

S: Jajaja le tienes miedito. Es un animalito ágil e indefenso. Dale amor y es incondicional. Este es cute, fiel y te esperará. Nada es coincidencia, tiene su independencia no necesita tanto de ti y eso los hace bien. Es libre y tu lo eres. Le huyes a la responsabilidad y por eso tienes un gato. Lo que quieres.

A: Pues si... si quiero puedo salir, no toca estar pendiente.

S: Recuerda que lo que desees te llega pero solo Dios sabe que darte.

A: Ni yo se que pedir.

S: Amor, paz y entendimiento. Aprende a amar con pasión.

A: Cómo?

S: Sin entregarlo todo, solo amor.

A: Estela quiere saber si se puede comunicar contigo, cómo lo hace?

S: Estelita, estoy en tu corazón y no me ves. No son tus sentidos, es tu alma, déjala ser. Ama como se debe y me verás.

A: Algo mas palpable, escrito, meditado, cómo?

S: Escribe, hablamos con el corazón. Te escucho-me sientes; te hablo-me conversas; me invitas-acepto. Escribe, deja tus limitaciones que todo es posible en el amor.

A: Se lo diré y también la táctica para escribir. Yo te hablo del corazón.

S: Y eso soy yo. Alma en júbilo, ser divino y lleno de bondad.

A: Así eras en la tierra!

S: No lo sabía, nunca llegué a saberlo que no era tonto sino bondad. Me ganó la sociedad, eso fui pudiendo ser águila.

A: Pero esa no fue tu misión.

S: La misión es encontrar la fe sin importar lo que se te dio. Se me dio mucho amor y no lo encontré en mi. Tuve una familia y recibí amor pero tenía que amarme primero a mi mismo para vivir, no lo hice. Siempre quise ser diferente, poco me amé.

A: Nosotros te adoramos y tienes razón. Amarnos a nosotros mismos primero que todo, o nada cuenta.

S: Ve feliz por la vida porque la tienes. Se te dio para vivirla en el amor y así en paz y armonía. Sal, observa la belleza de la creación. Acaso no eres afortunada? Vive tu vida ya!

AMA Y SERÁS AMADA
VIVE CON EL CORAZÓN Y SERÁS BENDECIDA

A: Hi mi niño! Viste? Nos quedamos con el gatito. Nunca pensé tener uno. Por qué me lo enviaste? Por qué resultó conmigo?

S: Así te acompaña y te saca de tu desencanto. Vive, lo ve todo mucho más que tu, es bueno para ti.

A: Tú sabrás mas, lo aceptó con amor y con miedito, no se ni como tratarlo... pero es re-tierno, curioso y divertido.

S: Tú me lo enviaste, por qué?

A: Porque tienes que ver como el, usa sus instintos, tú también los tienes. Quiérelo y no te preocupes por más.

S: No me preocupo, estás en todas, mi Sebi. Lo estás en todo, lo sé y aún lloro. Se que eres mi bendición, mi ayuda, salvación y sigo doliendo. Quiero ser paz y sigo con preocupación, creo-pero tengo un vacío enorme. Eres amor, lo siento pero no lo sostengo. Tengo que morir e ir al cielo? Aquí no puedo!

A: Si puedes mamita, te duele porque no todo lo sabes pero Dios es solo bondad y nunca te faltará. Ama y serás amada, vive con el corazón y serás bendecida.

S: Te entiendo y es lo que trato de hacer. Reglas? Un manual de instrucciones? Paso 1, 2, 3...

S: Lo harías?

A: Si viene de ti, lo que sea.

S: Sencillo!

1. Levántate, da gracias a Dios por todas tus bendiciones, incluyeme a mi.
2. Canta, ríe, observa la abundancia en ti y en la tierra.
3. Camina mira tus piernas, tus ojos, el cuerpo bello perfecto para su función.
4. Planea el día lleno de bendiciones mientras ríes con el alma.
5. Nutre tu cuerpo, escúchalo el si sabe lo que quiere.
6. Cree en el señor y en 'ti', su más preciada obra de arte.
7. Sal, observa el paraíso, vives en el, cada flor es un milagro...y el cielo? Un todo y nada, ni modo de agarrar, tu techo sobre tu casa.
8. Sueña con el corazón, entrega tus penas, deshazte de ellas y vive sin miedo ni angustias que el señor eso no te dio, lo recogiste en el camino. Pero dáselo todo que el lo volverá polvo para que vivas.
9. Se tú, amate con pasión, solo tú puedes.
10. Amalo todo, no juzgues, no temas, no te mientas, solo Sé!
11. Lee la No. 10
12. Agradece, velo todo y vuelve otra vez a reír.

A: Me gusta, no parece difícil, o si? Me acompañas, siento tu presencia y extraño tu música, abrazos. No te enoja verdad? Me lo explicas todo bonito y vuelvo con 'te extraño'. Pero así soy (que vergüenza!).

S: Eres bendecida, agradece y sigue viéndome en tu hogar y en PFChangs.

A: Fenomenal! Tus señales, tus "S", eres tú! Me ayudan a verte.

S: Pronto verás la verdad.

A: Pronto para ti pueden ser 20 años, aquí nos envejecemos

S: Pues apura, tú tienes reloj, yo no.

A: Depende de mi?

S: Si tienes una cita depende de ti; te das tiempo para llegar y cumples.

A: Si, pero a veces hay circunstancias externas.

S: No cuando se es del corazón, nada externo mi bella rosa en lodo.

A: Te entiendo.

S: A ejercer entonces.

A: Una frase para hoy, please

S: Sigue el manual!

**RIQUEZA NO ES TOMAR Y GUARDAR
ES DISFRUTAR SABIENDO QUE NUNCA SE VA A
ACABAR. MILLONARIO ERES CUANDO OBTIENES
DE LA FUENTE INAGOTABLE DE LA VIDA**

A: Hi, Monday again! A trabajar, te prometo que voy a tratar de ser y estar agradecida por todas mis bendiciones. Dame un haloncito si no lo hago. Quiero, deseo, necesito, anhelo estar en paz, libre!

S: Ya sea necesidad o anhelo son fuentes para lograr objetivos. Tu liberación está en ti y en tu fe.

A: Me serviría ir y estar sola conmigo por unos días?

S: No creo ahora mi ovejita perdida. Está con los que te aman, acompáñalos y que te acompañen, haz tus andanzas plena en el amor.

A: Muchos cambios, muchas bendiciones. Te fuiste, sentí morir, dejé mi trabajo, me liberé, se va mi Estebitan a la 'U' estoy dichosa por el pero lo he de extrañar, hasta gato en la familia, nunca en la vida lo imaginé. Bienvenidos todos los cambios, los asumiré con gana, dignidad, optimismo- si es sabiendo que me llevas de la mano, sola no podría.

S: Nunca sola mamita, yo estoy contigo, Dios y todo lo creado para ti. Lleva el amor contigo en todo lo que hagas y sonreirás. Mami vive que soy vida. Tu eres cuerpo y espíritu, todo se te dio. Te queda es ser feliz con lo dado y lo no dado. Quiérete tanto como el sol a la lluvia y la lluvia a la flor. Eres hija de Dios y el mundo fue hecho para ti.

A: Si mi amor, todo es maravilloso, lo sé y lo he de apreciar. Si, soy bendecida y ya no me ha de doler.

S: Mi partida? Soy mamita, estoy en la cima, mírame; brillo, vibro estoy/soy paz!

A: Si, lo se, no mas lástima por mi, extraño tu presencia pero eres TODO, te liberaste porque te fuiste, yo trataré de liberarme aquí. Se puede?

S: Mamita, somos tontos, hay tanto que todos podíamos ser trillonarios. Abundancia, plenitud para todos y nos peleamos por centavos. Acoge el reino de Dios y todo con fe. La abundancia es enorme y todos toman nueces. Vive hoy, hazlo-ve la riqueza en la que vives y ten fe porque te pertenece.

A: Me pertenece (hacerme dueña?) la riqueza.

S: Pertenecer no es tomar y guardar, es disfrutar sabiendo que nunca se va a acabar. Eso es ser millonario cuando obtienes de la Fuente inagotable de la vida.

A: Se de que riqueza me hablas, fenomenal!

S: Tómala y vive.

A: Hoy te pensaré y recordaré este escrito.

S: Hoy es lo que cuenta, un día a la vez. Ya y ahora la plenitud!

A; Bello todo, te amo.

S: Y nosotros a ti.

A: Quiénes?

S: El universo y el espíritu! Lo material y su contenido.

A: Qué?

S: Todo el infinito y cada corazón que vibra.

A: No se que decir, no entiendo.

S: El amor es universal, el universo lo emana, no lo dejes evaporar, absórbelo con tus pulmones que te dan la libertad.

A: Mi Sebi, cada vez mas gigante!

S: Sin límite, no existe es una totalidad.

A: Grandísimo para mi!

S: No para tu corazón ilimitado. A amar señorita!

A: Así lo decía mi papi, no me gusta!

S: En el infinito no existe contrariedad déjalo ir y serás feliz. (?)

A: Sebi, hoy si que me pierdes...me voy confundida pero llena de amor por ti.

S: Buen día, agranda el corazón que hasta lo que ves mal, es sagrado, para ti solo bendición.

A: Oh God!

S: Dios en ti, niñita chiquita.

TODO CAMBIÓ

La vida familiar cambio drásticamente desde el momento que Sebastián voló al cielo; no solo su ausencia nos alborotó la existencia; también los acontecimientos del diario vivir. Nick y Esteban crecieron, se hicieron hombres de bien. La que era antes una casa de alegría, ruido, fiesta y algarabía es hoy un lugar callado, grande y vacío. Mi esposo cambio su horario de trabajo, yo dejé mi trabajo de 12 años y abrí mi propio negocio de enseñanza. Además adoptamos una gatito, llegó a mi casa de pura coincidencia y aquí se quedó.

Ya son nueve meses desde que mi hijo partió. El dolor continua pero se hizo más tolerable y comprensible. Lo que antes pensé era una maldición de Dios ahora es para nosotros una bendición. Sebi está en nuestros corazones y a veces no lo queremos ver. Estamos tan acostumbrados al cuerpo físico que hacemos el espiritual inexistente. Sebi vive en cada uno de nosotros y ya debo de acostumbrarme a no tenerlo fisicamente. Aún duele pero cuando la pena se adueña de mi, recuerdo que el es un ser grandioso, libre y es amor. Así, si puedo seguir viviendo, sabiendo a mi hijo bien, tomado de la mano del creador.

TEMOR A QUE SI DIOS ESTÁ CONTIGO?

A: Este fin de semana y hoy han sido de mucho corre corre, me hace falta escucharte. Dime algo que me alegre el día, lléname de tu amor.
S: Eso eres tú. Qué te detiene? Qué pasa mamita?
A: Motivacion? No sé!
S: Pues búscala la necesitas, se feliz, sigue tu sueño.
A: Ya ni se cual es mi sueño. O si? No sé!
S: Lo sabes pero te dejas derrumbar por pequeñeces, a qué temes?
A: A todo, soy miedosa. Por qué seré? Cámbiame.
S: Yo a ti? No, tu corazón a tu ser; el amor a tu existencia, tu vivir a ser.
A: Si mi corazón, siempre, siempre, tienes la razón. Lo sé, soy débil he de mejorar si estás conmigo.
S: Mamita, mamita...dude y empuje. Corre con la corriente, no le huyas-no puedes. Todo está en tu camino si lo necesitas tómalo, sino, déjalo correr.
A: Gracias, me regalas la frase de hoy?
S: Temor a que, si Dios está contigo?

NUNCA TE DEJÉ, CRECÍ! VOLE HASTA EL INFINITO ENVUELTO EN SU MANTO QUE ES COMO DIOS SABÍA YO PODÍA VOLAR

A: Que tal la entrevista que dí? Como te pareció?

S: Lo hiciste bien y lo harás otra vez y mejor.

A: Si, tenemos planes y queremos que nuestro negocio surja.

S: Lo que se te de mas fácil. Sigue el camino y con la corriente. Todo lo que necesites se te dará.

A: Gracias, lo dices todo muy bonito (llanto incotrolable).

S: Mamita, lagrimitas están bien pero ahora hay cambios en tu vida, disfrútalos, dales la bienvenida, todos son para bien.

A: Ya dejamos a Esteban en la universidad. La casa está casi vacia, desocupamos tu cuarto cuando te fuiste, ahora lo desocupamos porque Esteban se fué. Dad y yo solos otra vez, como al principio. No me quejo y doy gracias. Todo está como debe de estar.

S: Cambios positivos, vida. Tu hogar lleno de amor pero no físico. Todos estamos donde está tu corazón. Ninguno se ha ido ni se irá. Tu corazón de madre nos mantiene unidos; puedes volar, tus hijos tienen alas y el que menos podía se fué con la ayuda del espíritu santo porque iba a caer. Volé hasta el infinito envuelto en su manto que es como Dios sabía yo podía volar. Me acogió en sus propias alas y me hizo libre. Tus otros dos crios tienen grandes alas y saben volar, no muy alto, pero lo harán, proceso de la vida. Tu nido fué siempre cálido y placentero pero todos queremos explorar. Tu nido nuestra base, nuestras alas nuestra libertad para conquistar la bella tierra que nos acoge con su manto divino. Mamita, los bebés volaron ahora vuela tu con las alas del amor y plenitud. Vive cada instante, ocúpate de ti.

A: Tres hijos hermosos, los amo con todo mi ser. Lo son todo en el nido o fuera de el.

S: Nuestro nido es tu corazón, ahi nos reuniremos todos, en el amor de nuestra bella madre. Nunca estarás sola, tu corazón nos alberga a todos y ahí, nada nos faltará!

A: Los tres bellos, mis bendiciones!

S: Misión de amor; tres hermanos, dos padres maravillosos. No tienes quejas, verdad? Todo fué dado, agradeces, aprecias, ves el amor de Dios y a mi tu más grande bendición.

A: Si, hermoso, entonces por qué lloro?

S: Porque quieres tener el cuerpo y es el espíritu el que te libera.

A: Estás en mi corazon, lo sé!

S: Nunca te deje, crecí! Mis alas son inmensas, hasta el cielo es pequeño.

NOS UNE EL VERDADERO AMOR

A: Esteban quedó muy bien en la universidad, lo vamos a extrañar pero sabemos que va a estar muy bien. Quieres decirle algo?

S: Esteban... un paso-crecimiento y confiabilidad. La vida te lleva donde el corazón invita. Busca tus alas y vive tu libertad que te lleva a la inmensidad. Tu nido, el corazón de mom, ahi nos vemos porque somos UNO y mi llama esta en tu sensibilidad. Te amo mi ángel guardián, y hoy si te hablo yo, tu hermano mayor. Eres fenomenal, venimos del mismo nido, nos une el verdadero amor, puro como las aguas del manantial divino. Go for it, tu puedes!

A: Me alegro mucho por Esteban, me siento tranquila, confiada.

S: Vas con la corriente, flotas porque allá quieren ir, flotan con naturalidad!

A: Cuídamelo, vela por el.

S: Mamita el está bien, tiene protección divina.

A: Y Nick?

S: Extrañará a su hermanito y hasta perdido sin él. Tomará su tiempo y encontrará una vocación. La salida de Esteban le dice que es tiempo de volar, tiene que atreverse y confiar!

A: Me siento bien, será que asi estaré cuando llegue a casa y la vea vacía?

S: Hoy lo vives, mañana lo imaginas.

A: Esteban quedó muy bien organizado en su 'dorm', recuerdo que tu también querias estudiar fuera de la ciudad.

S: Si, lo soñé pero no hice nada, solo dudar y parar. El tiempo voló y ni cuenta me dí. En la tierra se pasa el día, la vida. Vive mamita, mañana para qué? Es hoy, ahora y ya!

PARA MI EXISTE SOLO EL AMOR Y PARA TI EL DOLOR, LOS DOS NO VAN JUNTOS

A: Sebi, estoy super deprimida, que hago?

S: Lo que quieras. Sufrir y llorar o vivir y reir.

A: Si, soy quejona, necia, tonta, pero que vacio tan h.p!

S: No es vacio, esta lleno, pero no de amor; ama!

A: Ama a quién? Qué? Por qué? Explicame mi bebé, no todo depende de mi. No estás, tiene que doler!

S: El dolor está en ti pero no existe y eso si lo sientes. Yo soy amor y existo y así con esa fuerza deberías sentir. Amor o dolor? Para mi existe solo el amor y para ti el dolor; los dos no van juntos.

A: En serio...no me tiene que doler? Imposible, te extraño mucho, eras mi bebé!

S: Estoy en tu corazón. En la escuela estaba y no estaba contigo, en tu vida estoy pero enjendrado en tu corazón.

A: Sabía que regresarías de la escuela, allí estaba yo en la puerta esperándote.

S: Y ahora soy yo quien te espera en la puerta del amor y no quieres entrar. Ven mamita que quiero sentirte; el verdadero amor.

A: Ay Dios, mi Sebi. Tu y tus bellas analogías, perfectas pero yo no lo soy. Tu ausencia es tenaz, triste.

S: No lo es; es bendición. La voluntad de Dios, me acogió en su reino y ahora soy libre.

A: Tu lo eres, que bendición- pero yo no lo soy!

S: Lo serás!

A: Cuando se acabe mi cuerpo físico y muera como tú?

S: Tú tienes vida y oportunidad de vivir. Vive y selo en la tierra que también es bendición.

A: Así lo haré hasta verme contigo.

S: Que tal YA!? Abre el corazón.

A: Te amo mi niño, me voy a alistar para el trabajo. Viste tu cuarto vacio?

S: Es un cuarto, todo lo que vale está en tu corazón.

A: Eras mi adoración!

S: Y ahora tu bendición, creélo!

OBTÉN LA FUERZA DE LA VIDA QUE TODO TE LO DA

A: Mi niño hermoso, no te he escrito, pero estamos juntos.

S: Es un hecho. Estás cansadita?

A: Si bebé, cómo lo sabes? Estoy que me duermo y acabo de despertar. Me falta energía, de dónde la obtengo?

S: De tu fé, aliméntala, dale con el corazón, estás bien- tu vida tiene misión no pares anímate que tiene solución.

A: No tengo problema, solo debilidad.

S: Pues a obtener la fuerza de la vida que todo te lo da.

A: En serio papi, fuerza, energía. Por qué?

S: Porque duerme el cuerpo mas no el espíritu - déjalo descansar-confia, todo se te va a dar.

A: Ok, mi vida – mi frase de hoy, pleaseeeeee!

S: La vida es energía de ahí la obtienes. Ríe y te nutres, llora y te debilitas. Dale descanso al alma y ama tu cuerpo, una maravilla absoluta.

A: Te amo, ciao

S: Buena vida!

RECUÉRDAME CON AMOR Y NO DOLOR

El tiempo pasa y el dolor de no tener a Sebastián se atenua un poco. Tengo momentos de ilusión y alegría pero también los tengo de dolor y angustia. Mi Sebi es un ser inmenso, intocable irreconocible. Lo admiro, lo amo, pero ya no me necesita. Sebi, mi niño hermoso e indefenso, no existe. Solo quedan los recuerdos de mi hijo adorado. Bebé, niño y adolescente, hermosa criatura. Hoy, lo es todo y no lo puedo abrazar. Me dice que todo lo podré a través del corazón, pero este es ignorante y no ha aprendido a amar como Dios manda.

Te amo Sebi, creciste pero ya no eres hombre, eres infinito y a este no se puede abrazar. Extraño tus abrazos, compañía y existencia. Creciste, te hiciste eterno y yo ni he nacido.

A: Sebi, mi hermoso niño cada día me es más difícil recordarte como eras. Pienso en tí y eres DOS; mi niño adorado y el otro, espíritu libre, todopoderoso. El solo recuerdo del primero me hace llorar inconsolablemente, el segundo, me llena de júbilo por ti, pero me es ajeno...muy grande para mí!
S: El primero es un recuerdo hermoso que te hizo madre; el segundo es tu esencia, tu verdadero ser.
A: Ves?! Para mi es todo lo contrario. Tú y tus hermanos, mi gran felicidad; yo mi ser... ni me encuentro.
S: Ser madre es bendición y ser vida y amor... es tu misión. Puedes desempeñar mil oficios pero la verdad es que no eres ninguno de ellos, solo eres tu ser. Eres madre, tía, hermana, profesora; quítate todos esos títulos u oficios, Quién eres?
A: Tu mamá!
S: Mamita eso es solo un ayer. Mi amor en tu corazón hoy. No te pertenezco viví y volví, te quedas para vivir.
A: Si ves? Que distante!
S: Mami no te necesito, crecí. Es tu vida de la que debes tomar riendas. Recuérdame con amor y no dolor.
A: Ok, mi Sebi lo intentaré, te amo 'Sebi mio' o 'celestial.'
S: Los dos somos bellos.
A: Eres dos?
S: No, pero a ti te gusta separar. Soy tu bebé, crecí y yo ya soy. Amame y llévame en tu corazón. Ahí nos veremos siempre.

ENGENDRADO EN TU CORAZÓN
ESE ES MI HOGAR

A: Hola guapo, como estás? Jejeje costumbre de preguntar, fabuloso, lo sé!

S: Tu también vives y eres- no es fábula. Lo ideal vivir fabulosamente en el reino del señor.

A: Celestial, palabras grandes y yo acostumbrada a las simples, nada especial.

S: Que más que tú! Las palabras son de viento, las acciones de voluntad. Puedes decir palabras bellas y huecas o acciones nobles y sublimes.

A: Acciones como cuales?

S: De amor, solo las que salen del alma y te hacen sentir bien.

A: Llegó la tia Graciela? Está contigo? (Mi tía de 92 años falleció hoy.)

S: Esas almas bellas están con el señor, vivío largos años en la tierra y está en el reino de Dios.

A: La ves? La saludaste? Te conoce? Está con la abuelita?

S: La siento, la vivo, está en paz con el señor.

A: Algo más?

S: Mamita, ella llegó al descanso eterno, está con Dios, sus guías espirituales la han acogido entre sus alas, como una madre a su adorado bebé. Aquí no necesita nada, ya ES!

A: Muy lindo, suficiente gracias. Sabes que tengo 2 ángeles, Esperanza y Aurorita? Las vi, las conozco, son mis guías espirituales. Las ves? Las conoces, me ayudan?

S: Ellas son tus alas, siempre limpiándolas y sanándolas, siempre contigo, pura bendición!

A: Tú y ellas son muy diferentes. Son espíritus?

S: Somos UNO y somos TODO. Solo amor, es la misión. Un ejército de seres que rodean a tu ser. No estás sola. Siempre, siempre tienes protección divina.

A: Me haces sentir especial y única. Es así para todo el mundo?

S: Dios proveerá lo que necesites y nosotros cuando la debilidad. Dios es todo, no hay nada que temer, solo confiar y vivir, todo un ejército te protejerá.

A: Bello, fantástico, pero la violencia y todo eso feo que sucede?

S: Sucede y aún así no hay porque temer. Si sufriste, creciste y si creciste, ERES. Las heridas cicatrizan y el alma reina. Vive sin preocupación, nada vas a lograr penando. Reina, libérate, entrégaselo todo a Dios.

A: Uff, ok mi vida. Tú en mi Corazon!

S: Mamita, engendrado en el! No ire a ningún lado, ese es mi hogar.

HAY UN PLAN DIVINO, EL BORRADOR ESTÁ HECHO, CREE Y HAZ TU ESTANCIA EN LA TIERRA, SOLEMNE, DIGNA Y FABULOSA

~ Septiembre 14 - Después del Huracán Irma~

El huracán Irma amenazaba con destruir el estado de Florida. Mi esposo inmediatamente hace preparativos para que evacuemos la ciudad y dirigirnos hacia las montañas de Georgia. Salimos de Naples temprano en la mañana, pasamos por Esteban quien estaba en la Universidad en Orlando y de allí seguimos en dirección al norte. Se une a nuestra familia nuestra amiga Rebecca, quien viaja con su hijo de seis años, y sus dos grandes perros. El huracán llega a Naples mientras nos encontramos en Georgia. Pasamos cuatro días en una suite de un hotel. Cinco adultos, un niño, dos perros y un gato. No hubo momento de quietud, no hablé con mi Sebastián y me hizo falta. Al llegar a casa, todo en ella estaba intacto; el huracán derribó muchos árboles en la comunidad y lucía sombría y destruída. Otras ciudades fueron bruscamente impactadas por la fuerza de 'Irma,' muchos fueron los damnificados.

Al llegar a casa, esta estaba oscura, no teníamos electricidad, además de que todas las ventanas estaban cubiertas por 'shutters'. El calor era extremo pero más era el vacio en mi corazón. Mi Sebi no está aquí, nada tiene sentido. Me lancé sobre mi cama y lloré hasta quedar dormida.

A: Mi vida entera, te extraño mucho. Tu físico, el hablar contigo. Me siento triste, es el huracán, la devastación, el estar lejos de mi casa...qué es? Extrañaste hablar conmigo estos seis días?
S: Mami, soy esencia, no palabras. No necesito escribir para comunicarme contigo. Estoy siempre con ustedes, esta no fué una excepción.
A: No te escribí ni una vez. Estuvimos con perros, gato, niño, amiga y nunca tuve espacio para meditar, conversar. Te extrañé!
S: No mamita, solo no estuviste conciente de que estoy en tu corazón. Estoy contigo siempre. Soy como la sombra de las 12 del día, no la ves y está sobre ti, sientes el sol y no lo observas; vivo en ti y soy tu espíritu.
A: Mi espíritu?
S: Tu ser de amor-tu vida espiritual, tu hijo adorado y tu dolor hasta que entiendas que soy bendición.
A: Sebi, algo tuyo por favor. Eres un ser gigante pero distante. Extraño tu sonrisa, gestos, humor, tu ser físico. No queda nada y lo extraño tenazmente. Hoy encontré otra billetera tuya...dónde está mi niño?

S: Se te creció. Solo recuerdame, el Sebi melancólico, a veces gracioso, el artista. Ahora soy tu recuerdo en tu alma, lo llevas contigo como la imagen del

momento cuando me peinabas suavemente y con dulzura con solo una semana de vida, eso es amor. Ese bebé soy yo, me hice niño, joven y no llegué a viejo. Mi misión en la tierra terminó a mis 21 años y aún así lo hice todo. Me fuí porque no tenía mas plan divino en la tierra sino en el cielo. Dí y recibí amor, tuve mi familia y la amé. Volví a Dios y ahora los puedo amar más. Nos reuniremos en el reino de Dios "no regrets" (sin arrepentimientos), aqui volaremos en el vasto cielo y en la tierra buscarás el amor puro que te liberará y hará reina del reino universal. Crecerás como yo lo hice. Hay un plan divino, el borrador esta hecho, cree y haz tu estancia en la tierra, solemne, digna y fabulosa. La tierra es maravillosa si la ves a través de los ojos de Dios. Mi ausencia física es solo un sueño que duele mientras te enfoques en lo material, pero si es lo espiritual es la bendición mas sagrada, pura y solo digna de Dios. Te bendije con mi presencia y ahora con mi ausencia. Quiero tu crecimiento y El, con su mano misericordiosa, me dió a mi la semilla de tu liberación y debes obtenerla. Eres especial y todo lo que te suceda son puras bendiciones. Vive con alegría que yo soy júbilo, vive con placer, todo se te dá. Cree y reinarás. Amame, no me extrañes y verás tu bendición. Soy amor y estoy sembrado en ti. Dios te dió mi obsequio "Yo", ámalo sin importar nada. Aquí o allá siempre me amaste. No tienes que verme para amarme.

A: Te amo mi niño hermoso, te entiendo y bien...pero aún así quisiera un abrazo – pero no lo voy a obtener porque obtuve algo muchísimo mas grande. No puedo abrazarte a ti - entonces me toca abrazar la eternidad. Podré?
S: Solo con Dios, solo con fé!
A: Love, me voy con tus hermanos. Esteban esta aqui con nosotros, los ves trabajar quitando los 'shutters'?
S: Bellas criaturas, hijos de Dios, los amo. Que hermosa familia tienes!
A: Si y tu parte de ella.

S: Obvio, acaso no me ven?

A: Decías a veces que eras invisible y que la gente no te veía.

S: Si, no me veían y siempre estuve.

A: No te entiendo.

S: Mamita, fui maravilloso y no me ví. Como voy a quejarme si otros no me ven? Todo es "Tú", lo demás es invisible.

A: I got you! (te entiendo!).

S: I know you do! (se que lo haces!).

A: Sip, por eso no juzgo... no tanto.

S: Solo júzgate a ti misma y solo con la bara del amor.

A: Bello! Me voy, puedo hablar contigo por horas! Me voy!

S: Ahí voy yo también!

ERES CREACIÓN DIVINA, SACA LA SEMILLA BENIGNA DE TU ESPÍRITU Y DÉJALA GERMINAR

A: Mi bello Sebi, hoy cumple Hector 70 años, que le puedes decir? Felicitar? Regañar? Qué?

S: Tiito ese es solo un número que no vale, lo que si es el amor por ti mismo y la bendición de vivir. Eres hijo de Dios y reniegas. Eres amor y puedes ser paz-pero los dos enlodados en tu corazón. Ama, perdona y olvida. Nadie es culpable de lo que a ti te sucede. Eres una creación divina, saca la semilla benigna de tu espíritu y déjala germinar. Tienes vida en la fabulosa tierra, ríe y vela prosperar. Tienes amor para dar pero está acondicionado. Libéralo, no debería tener ataduras. Se libre, no juzgues, cada cual es su propio ser. Ama, libérate.

A: Y cómo, diría el?

S: Sin control, sin poseer y sin querer cambiar a los demás.

A: Despídete, (me cansé- jeje)

S: Feliz 70, mas por vivir, haz que cuenten!

EL ALMA TIENE QUE SER PARA CRECER. LA VIDA NO ES PASAR POR LA TIERRA, ES VIVIR EN ELLA CON DIGNIDAD Y ALEGRÍA

A: Hola mi corazón, que día tan bello. El verde es mas verde y el sol lo hace brillar todo...y es el fin de semana!

S: Regalo de Dios para sus hijos que tanto ama. Es para tu deleite y para enriquecer tu espíritu. Acaso no es fabulosa la tierra?

A: Lo es! Los pájaros cantando. Todo bello, pero y el huracán?

S: Fuerza omnipotente, poder, grandioso!

A: Pero, peligroso, trae desgracia.

S: Ese es solo un significado; puede ser cambio, liberación, comienzo, despertar.

A: La naturaleza es poderosa, nos puede extinguir en segundos.

S: Pero ese no es el plan, todo es un proceso para el crecimiento espiritual.

A: El único objetivo de los seres humanos es crecer espiritualmente?

S: Todo lo demás es dado – tierra, alimento, cuerpo y mente majestuosos. Es una maravilla cada elemento de la vida

A: Por qué sufrimos?

S: Porque no amamos. Solo queremos poseer y no ser.

A: Hay algún ser humano que logre entenderlo – o mejor, vivir de esa manera?

S: Hay muchos que ven el espíritu santo en cada acción; creen pero no mueren.

A: Cómo? Creen pero no mueren?

S: Para vivir hay que morir, el alma se libera y el espíritu vive.

A: Qué es vivir? Qué es morir? Me confundes!

S: Vivir es darlo todo por el amor; morir es ser ese amor.

A; Uy, me confundes más!

S: Vives y mueres – mueres y vives.

A: Físico?

S: No, el alma tiene que ser para creer. La vida no es pasar por la tierra, es vivir en ella con dignidad y alegria.

A: Sebi...difícil!

S: No; if you set yourself free! (No; si te liberas)

A: Cómo? La humanidad siempre ha sido así.

S: Siempre? Ha habido mentes poderosas que lo han entregado todo por amor.

A: Eso me suena a tragedia!

S: Jajaja - Es Liberación!

A: Mi Sebi bello, hoy estás a nivel muy alto.

S: Alto, si es el alma – bajo, si es la falta de fé!

A: Cómo voy yo? Estoy cruda, verdad?

S: Eres como una niña con mucho que aprender. Que tus padres sean el amor y no la sociedad.

A: Está en mí?

S: Eres tú! Reina, se feliz y se digna de Dios!

A: Elevado mi niño, voy a desayunar

S: Bon Appetite! Yummy, food.

EL DESPEGUE ES FÍSICO Y PASAJERO ESTAREMOS EN EL REINO DE DIOS. EXTRAÑAS AL SEBI TERRENAL PERO YA NO SOY CUERPO, SOY ESPÍRITU

A: Mi niño hermoso, estás? Te puedo ver, sentir?

S: Cuándo no? Hasta antes de nacer!

A: Me escogiste tu como tu madre? Por qué? Elegiste?

S: Elegimos los dos para lograr nuestras misiones.

A: Y antes? Fuímos almas gemelas? Tiene que ser. Te amo mucho, tu muerte me arrebató todo. Me sentía una sola contigo. Te amé mucho y me dolía todo lo que te pasaba. Te fuiste y creo que me desintegré, tu eras parte esencial. Mi corazón lo compartíamos. Lo entiendes?

S: Mom, siempre hemos sido uno pero con diferentes esencias. Fui tu alma celestial, espiritual y mundanal. Nunca te he dejado sola, ni tú a mí. Esto no es ausencia es presencia en tu ser infinito, en tu realidad. Eres ave de paso, la tierra es un 'stop' – vives, aprendes, amas y vuelves a tu esencia; yo ya lo soy. El despegue es físico y pasajero pronto estaremos en el reino de Dios.

A: Por qué es tan difícil? Por qué he de vivir en la tierra sin tí?

S: Por qué no? Recuerda, todo lo que necesitas para tu crecimiento es dado.

A: Tu muerte?

S: Mi despegue físico? Soy esencia y vivo en ti. Somos uno y tu no lo ves. Insistes en hacerme hombre y yo ya soy. Extrañas al Sebi terrenal pero yo ya no soy cuerpo, soy espíritu. Asi te ayudo a crecer y entender que vivir es amar y morir es renegar. Soy tu vida, la que crees que te quite al morir, mi muerte te bendecirá y ayudará a liberarte porque verás y entenderás que solo el amor es realidad y el resto es fantasía.

A: Lo se mi niño, yo estoy creciendo. Sabes que tengo mis bajones, pero creo y te veo pero como un Titán. Mi Sebi se fué!

S: Creció!

A: Me ayudas siempre? Estás pendiente de mi?

S: Estoy en ti! Libre, sin ataduras, solo amor y esperando que encuentres la belleza en ti.

A: Dios? A mi? Qué?

S: Al ser libre-amor incondicional y benevolento.

A: Podré con tu ayuda?

S: Conmigo siempre. Soy ese amor que buscas.

A: Solo repíteme que me acompañas siempre, así descanso!

S: Y lo dudas? Ves las flores? Las ves? Soy cada una de ellas y todas son para ti!

A: Que regalazo!

S: Y es solo una gotita del reino de Dios.

A: La fe me ayudará, es todo tan inmenso! Una frase bella para hoy, please!

S: Dios te bendice e ilumina el sendero. Pon la fé y lo demás está hecho!

A: I love it! Acompañame todo el dia, please.

S: Toda la existencia! Por qué pides tan poco?

A: Porque mañana repito.

S: Hoy!

A: Ok, siempre correcto!

S: Lo se mi ovejita bella.

LA NATURALEZA ES EL LEGADO MAS PRECIOSO DEL UNIVERSO. ES BELLEZA Y ARMONÍA, PODER Y SABIDURÍA, PAZ Y VIOLENCIA, MAGNÍFICA Y PODEROSA

A: Buen día mi angelito! Qué me espera hoy?

S: Ves el nuevo amanecer? Solo bendiciones.

A: Si bello, medité aunque me distraigo mucho.

S: Estas tratando de abrir los ojos para ver la inmensidad. Isn't it wonderful? (No es maravilloso?)

A: Si demasiado, que perfección. Viste el hurácan María que ha afectado tanta gente, el terremoto en México. Qué está pasando? Es esto normal?

S: Es la naturaleza y es sabia. Sabe lo que hace y porque lo hace. Fuerza y poder absoluto, voluntariosa, fuerte y siempre en control.

A: Si, poderoso, no podemos hacer nada para detenerla; pero y esos niños a los que les cayó el colegio encima...pobrecitos sus padres, noooo tenaz!

S: Todos están con el señor, nunca los abandonará, son sus hijos.

A: Qué es? Furia, poder, respuesta al abuso a la naturaleza o es normal?

S: Es naturaleza, sabia como ninguna, poderosa y total.

A: Ella puede hacer lo que quiera, somos nada comparado.

S: Es un conjunto de elementos naturales, violentos y bruscos y después apacibles y nobles.

A: Puedes ser los dos; violentos y apacibles?

S: Uno trae el otro. Después de la tempestad viene la calma. El hombre se detiene y recapacita, a veces para reinar otras veces para repetir. La naturaleza limpia, despierta y hace volver a vivir. Destruye y construye, tiene poder.

A: Qué hacemos los seres humanos, como evitamos ser demolidos?

S: Construyendo puentes de amor y no de concreto.

A: Es la naturaleza un enemigo?

S: Bromeas? Es el legado mas precioso del universo. Es belleza y armonía, poder y sabiduría, paz y violencia, magnífica y poderosa.

A: Todos los adjetivos bellos, pero la violencia?

S: Violencia es poder de gran magnitud y destruccion, puede...pero el objetivo es para crear nuevos puentes de amor.

A: No se mi Sebi, duele tanta tragedia. Somos tan vulnerables. Que podemos hacer? Obvio, no podemos luchar contra la naturaleza.

S: Luchar? Somos uno solo. Somos la naturaleza y también cambiamos. Somos dulces como las flores y violentos como la avaricia, egoismo, ira, etc.

A: Pero somos insignificantes comparados a ella!

S: Insignificantes? Amas, das amor – odias, hieres, ambiciones, peleas, quejas.

A: Nos comparas con la naturaleza?

S: También tienen poder de crear o destruir, edificar o mutilar cimientos, enriquecer el espíritu y no eliminar el amor. Mom, somos uno con la naturaleza.

A: Entonces, lo que ha de pasar- pasará, nada que hacer?!

S: Vivir hoy, edificar-construir puentes de amor.

A: Y que si la naturaleza viene y lo destruye todo?

S: A ti? No puede, solo tú tienes ese poder. Puedes edificar nuevamente.

A: Y si se lleva a mis seres queridos, todo lo que amo?

S: Físico – quedan en tu corazón!

A: Es tan difícil aceptar tragedias con corazón abierto. Se lo que dices, pero como madre, hermana, ser humano duele mucho la tragedia propia y ajena.

S: Solo la fé puede y si esta es la única manera para tu salvación, la tomarías?

A: Lo que me de paz, descanso, entendimiento.

S: Eso es la fé!

A: Que tarea tan difícil mi niño!

S: No estás sola, tienes un ejército de beldades que te asisten. Estás con Dios y él todo lo puede.

A: Espera mucho de mi.

S: Solo que te ames con el corazón y no dudes mas.

A: Uyyy Sebi, ni la Madre Teresa!

S: Ella amo y dió mucho amor y entendió que la única salvación era la fe.

A: Grandes personajes, no corrientes.

S: Porque Dios con ellos, le dieron la bienvenida y el se quedó!

A: Sebi, te amo. Reeleré este escrito y Dios quiera que yo entienda pues si resumo, tragedia no es tragedia si tengo fe?

S: Somos uno y donde estés, Estoy porque Soy!

A: Jaja, muy elevado mi Titán.

S: A nivel del corazón, tú le pones la altura. Continua tu día, da gracias al señor por lo dado y lo no dado y repite nuestra oración.

A: Lo haré, I love you sooooo much!

S: Mi bella flor en lodo.

A: Ok, en lodo – que importa si soy flor (guiño).

S: You got it!

MI ESPÍRITU ANHELA TU RECUPERACIÓN DE LO QUE TU CONSIDERAS PERDIDA. TU HIJO ES LIBRE COMO EL VIENTO, NO TIENE CADENAS, SOLO ES!

A: Mi niño, buen día, hermosísimo. Tenía fiesta de cantos de pájaros. It is beautiful here! (es hermoso aquí!).

S: Para tu deleite y para engrandecer tus sentidos. La maravilla de la naturaleza es envidiable.

A: Envidiable, envidia? No son palabras positivas.

S: Lo es, si el significado es 'imposible de alcanzar, solo de admirar'. Siéntate, obsérvalo, sería maravilloso ser así.

A: Siempre regenerándose y cambiante. El cielo también es naturaleza?

S: Todo lo que te rodea y que estaba antes de que respiraras. Todo lo que nace y vive. Bella como ninguna, creación perfecta!

A: Mi niño, mis hermanas, Lucero-Stella, tu papá, primos y amigos sueñan contigo. Por qué yo nunca? Me gustaría verte otra vez.

S: Mamita, el físico no lo soy, soy tu espíritu, te habla me escuchas. Te amo, estoy en tu corazón.

A: No me quejo, nuestro escrito es bello, me da vida. Aún así por qué ellos y yo no? Qué son los sueños?

S: Ellos son imaginación, nosotros esencia, quiero que me recuerdes y que sea mi 'yo' el que te acompañe. Soy grande, ya me ves con los ojos del alma, por qué insistes en lo mundanal?

A: Porque eras bello y te extraño.

S: Era, ahora soy. Me extrañas y estoy en tí. Nuestra relación es a nivel de espíritu, mucho más alto.

A: Todo contigo es gigante y a veces te pido pequeñeces. Ya me lo dijiste una vez: "olvídate el abrazo, no lo vas a recibir."

S: Entonces abre tu espíritu que ahí está todo mi ser.

A: Me estás ayudando a separar de mi Sebi, mi muchacho hermoso que ya no existe para que disfrute de nuestra relación y unión de espíritus. Es eso?

S: Te duele el no verme y yo no soy eso. Por qué insistes en ver lo que ya no soy aún mas si duele tanto?

A: Eras mi hijo, compañía, calor, abrazos, risas y caricias.

S: Soy en tu espíritu, te lleno de amor. Mami, lo soy todo, ya nada duele. Mi espíritu anhela tu recuperación por lo que tu consideras pérdida. Tu hijo es libre como el viento, no tiene cadenas, solo es!

A: Definitivamente me toca olvidarme de mi Sebi. Lo que existe es tu espíritu y el mío. Mi niño, mi Sebi...ni en sueños (jejeje).

S: En los bellos recuerdos y en el palpitar. Una vez compartimos un mismo cuerpo, fuí y estuve en la tierra. Hoy somos un solo espíritu y ese nunca te puede abandonar.

A: Las señales, las 'S'. el reloj, la estrella fugaz...todas son señales magníficas, terrenales y me llenan de júbilo, por qué no me das más?

S: Porque ya has de saber que estoy en ti y pruebas pides! Agárrate de la fé, no solo me sentirás sino me verás en ti. Soy tu espíritu y los 'recorderis' son solos pequeñeces cuando se habla de la inmensidad del corazón.

A: Si, todo grandioso, pero acaso no sabes la dicha de recibir una señal tuya? Maravillosa, fenomenal y me dan mucha alegría - todo lo que venga de ti. Y por qué no algo palpable? Soy/estoy en la tierra y eso también es bello. Terca que soy y hasta creo que tengo algo de razón, jeje!

S: Jajaja te dan millones de dólares y pides la tinta con la que lo hicieron. Te dan el cielo y pides una nube. Te entiendo niña necia. Te llevo en el corazón y allí nos vemos!

A: Tú tienes corazón?

S: Si, el tuyo!

A: Te convencí sobre la belleza de tus señales y lo que significan para mí?

S: Jajaja, que necia...y porque lo fuí yo? Todavía se preguntan!

A: Si cuando pedías una galleta y no parabas hasta obtenerla!

S: Y la obtenía!

A: Quien no te la daba, con lo obstinado que eras!

S: ja! Obtendrás tu galleta.

A: Tendré los ojos abiertos

S: Las manos y el corazón.

A: Lo que sea mi niño, te amo.

S: Bye mamita, ten fe...es hora de crecer. Una galleta!

A: Te burlas?

S: No, it is kind of cute! (no, es tierno).

A: Tqm mi vida!

VERÁS LA LUZ PURA Y DIVINA
SABRÁS QUE SOY TU ESPÍRITU

Mi bello niño! Ayer, después de releer lo escrito sobre las pruebas mundanales y palpables que deseo obtener de ti, sentí hasta vergüenza al darme cuenta de que eso es exactamente lo que me has dado. Me has enviado miles de señales; algunas percato y otras simplemente las tomo por garantía. Recién te fuiste me enviaste señales como: el reloj que empezó a funcionar dos años después de no hacerlo, la tarjeta que cae al suelo con el dibujo de un corazón, estrellas fugaces, música, canciones, tarjeta de cumpleaños, flores que vuelven a renacer, iniciales "S" en frutas y por todos lados, obsequios y cientos de mas regalos y sobretodo esta comunicación de corazón a corazón. Que bendición... y aún te pido mas (vergüenza siento).

Sebi, ya no te pido pruebas, eres/estás en mi corazón en mi vida y siempre con la familia. Ya no miraré la silla vacia, ni esperaré el abrazo. Estás en mi alma y somos uno. Eres espíritu y yo soy cuerpo y también espíritu y es obvio que para comunicarnos lo hacemos con el corazón, de ahí, este escrito. No mas pruebas, no mas cosas mundanales. Solo tendré conmigo fotos tuyas para recorder a mi niño hermoso; pero ya no te pido nada, ya todo me lo has dado. Te amo y agradezco por llegar a mi de tantas maneras mundanales y ajenas a ti. Eres grandioso y no te puedo pedir que dejes de serlo para satisfacer mi ignorancia y/o debilidad. He de subir a tu nivel y asi será, con tu ayuda y la de Dios.

S: Siempre en tí, siempre contigo, nunca me fuí, quedé engendrado en tu espíritu, soy la semilla del amor. Te amo, velo por tí. Verás la luz pura y divina y sabrás que soy tu espíritu. Ama libremente sin querer poseer nada de la creación. Todo es para tu deleite nada para guardar. Soy el ave, soy la flor y el universo y si quieres me puedes ver con los ojos del amor, puro y benigno como lo es Dios. Soy tu hijo y a mi verdadero padre volví y el cuidará de tí conmigo en tí. Tienes respaldo, apoyo y protección divina, nada porque temer. Reinarás cuando estés lista para recibir todo lo que viene de Dios. Estoy contigo nunca te dejé. Somos uno, mi corazón.

A: Si, uno solo, el mismo Sebi que se hizo hombre y después espíritu. Estás en mi corazón y allí te llevaré siempre. Siento como si este fuera otro adiós. Duele no verte con mis ojos pero aprenderé a verte con el alma. Eres grande y te alcanzaré. No debe ser fácil lidiar conmigo, ah?

S: Con amor todo es brisa, suave, formidable.

A: Me amas mucho, verdad?

S: Si sabes lo que es amor infinito, ni usarías la palabra 'mucho'. Amor es todo y eso eres para mí.

A: Y tú para mí. Lo será sin egoismo y sin querer poseer. Por ahora creo que me he de acostumbrar a no tener tu 'físico' pero mejoraré cada día hasta lograr sentir plena felicidad y conexión contigo. Creceré!

S: Lo harás mamita, eres guerrera y difícil de vencer... y testaruda pero con amor todo se puede.

A: Jaja en serio?

S: Qué con el amor se puede? Si!

A: Lo de testaruda, 'silly boy'!

S: No es malo, si el objetivo es alcanzar la paz.

A: Ok, ya lo arreglaste todo.

S: Nada que reparar, todo es perfecto!

A: Yo no!

S: Díselo a El, porque si lo eres.

A: Si, soy parte del plan divino. I got you!

ELOGIOS Y COSAS BELLAS SON EL OBJETIVO DE HOY

A: Sebi, le puedes dar un consejo a Nick. Esta desubicado, se le apagó el fuego. Lo ayudo, empujo o lo dejo quieto?

S: Mamita, Nick ya es adulto debió dejar el nido. Lo desea y no lo hace. Teme a no ser capaz de proveer para si mismo y no sabe que eso es lo que debe hacer. La comodidad es su obstáculo y el temor a fracasar. Se le dieron alas enormes y cree que no lo han a sostener. Teme que al abrirlas no se expandan y se ha de caer. Puede, debe buscar su libertad, su espíritu es guerrero y ahora es complaciente.

A: En cuanto a trabajo?

S: Ya encontrará, que le ponga fé y energía y saldrá.

A: Le hablas a él? Dile algo que yo se lo leeré.

S: Fuiste sólido, duro y también débil. Eres hombre de bien con temor. Temor a qué? Pregúntate! Dios te ama y te lo da todo, nadie te lo quita. Enciende la llama que hay en ti, tienes mucho por hacer. Lee, medita, encuéntrate, libera tu espíritu, sal a conocer. La vida es corta, pronto se nos va!

A: Le traté de ayudar con el Journey (un viaje a si interior) y no lo logramos. Está buscando calmar su ira, sus quejas a Dios.

S: Lo debe hacer, liberarse del ayer. Que lea "Los Millonarios de la Biblia" y aprenda a SER. Dios está contigo Nick, búscalo, pídele lo que mas deseas y te ayudará.

A: Y yo qué hago para ayudarlo?

S: Tú ya, déjalo ser. Cree que lo detienes y no lo dejas ser.

A: Y es así? Lo detengo?

S: Mamita, lo amas y eso necesita pero que lo encuentre en si mismo.

A: Qué puedo hacer yo por él?

S: Amarlo y dejarlo SER. El debe moverse y buscar en su ser.

A: Lo empujo, regaño? En camita no lo dejaré.

S: Mamita, pídele que hable con Dios y el corazón. La verdad prevalecerá.

A: Ok, mi amor, creo que todo depende solo de el y su fe.

S: El amor en si mismo y no la 'falta' en los demás, cambia el foco al amor en si y mi 'yo': mi responsabilidad.

A: Ok, Sebi, mi frase de hoy.

S: Ámame tanto como Dios ama. Elogios y cosas bellas son el objetivo de hoy. Vive con amor y fe!

LIFE IS TOO NICE TO BE TAKEN SERIOUSLY
(la vida es demasiado buena para ser tomada seriamente.)

A: Mi niño hermoso, hoy solo agradezco, no quejas ni lamentos. Todo es bello.

S: Si, solo mirar y ver porque todo lo ES.

A: Estoy reilusionada con un apartamento que vi para Gloria, que opinas? Estudiantes, ayuda de Gloria y para Gloria; oportunidad de trabajo.

S: Haz lo tuyo Dios sabe lo que te dará. Relájate siente y será lo que debe ser.

A: Haré todo lo necesario, obviamente cuento con tu guía para elegir bien.

S: Solo con positivismo se puede. Dale, haz lo tuyo. La decisión esta tomada. Quieres a Gloria cerca? Te ayudará? Si, y te bendecirá!

A: Si, todo es mejor de lo que pensé. I 'll go for it! (lo haré)

S: Te ayudará y estará mejor.

A: Podrá pagar?

S: No le va a faltar. Producirá, ya verás!

A: Siempre he querido ayudar a mis hermanas con empleo. Ayúdame en todo.

S: Vamos a elegir apartamento, ya todo se te dará. Ten fe y sigue adelante, tu sueño está por empezar.

A: Gracias por mi sueño poderlo soñar, por todo el amor y fe que tu tienes en mi y ahora y tendré la fe en lo que haré. Con Dios y contigo todo se puede.

S: No lo dudes, ponle el amor y la energía. La vida te concederá lo pedido si es basado en el amor.

A: God is good, and with me, A+! Me siento afortunada y te extraño mucho pero me parece verte sonreír.

S: Me ves? Finalmente mis dientes blancos iluminan tus senderos y brillan en la oscuridad que también es paz y felicidad.

A: Gracias por estar conmigo. Por lo dado y lo no dado. Hago lo mío y dejo todo en las manos de Dios. El sabe lo que añoro y lo que debo de recibir.

S: Very good, just have fun, relax! Life is too nice to be taken seriously (muy bien solo diviértete, relájate! La vida es muy buena para ser tomada seriamente).

A: I see, or feel your smile again. (yo veo, o siento tu sonrisa, otra vez).

S: Is in you too. Your beautiful teeth smile back to me (está en ti también. Tus bellos dientes me sonrieron).

A: All day! (Todo el día).

S: Everyday! (Cada día).

A: You always have to have the last word! (siempre tienes que tener la última palabra).

S: Yep, I am the boss. (Sip, yo soy el jefe).

A: NO, you are not! (no, no lo eres!).

S: Right, I am above that. I am ALL. (correcto, estoy por encima de eso. Soy todo).

A: And who am I? (Y quién soy yo?)

S: The completion of ALL. (La finalización de todo).

A: No, it doesn't make sense. (No, no tiene sentido)

S: A Whole-spirit-energy. (La energía completa del espíritu)

A: Bye sweetie, I love you! (Adiós dulzura, te amo!)

S: Smile all day, you look pretty! (sonríe todo el día, te ves bonita!).

DOS HERMANAS SE UNEN Y PROVEERÁN VÍNCULO SAGRADO DE AMOR Y PROSPERIDAD

A: Mi chiquito, sabes que pusimos la oferta para un apartamento. El objetivo es que Gloria venga a vivir ahí, trabajará con nosotras, y vivirá cómoda y bien. Me encantaría eso me haría muy feliz. Haríamos el "Study Abroad", se me dará lo que siempre he querido, algo a nivel internacional.

S: Mamita si la idea brilla el resultado resplandecerá. Dos hermanas se unen y las dos proveerán, vínculo sagrado de amor y prosperidad.

A: Me gusta mucho el apartamento, le hicimos oferta.

S: Dios te concederá lo que necesites, solo ten fe.

A: Quiero ese apartamento. Soy necia?

S: Siempre...y que si obtienes la galleta?

A: Papi, lo de 'Study Abroad', te imaginas? Sería genial. Yo le meto gana y contigo, Dios y todos UNO, pa'lante!

S: Mamita, todo lo que te haga sonreír, vive feliz, haz tus sueños realidad.

A: Se me está dando lo que siempre he querido. Por qué ahora y no antes?

S: El ahora lo es cuando se debe, no antes. Eres mujer de bien y crees en bendiciones, el señor está contigo y sabe lo que añoras y la medida perfecta para dártelo. SE!

A: Ojalá hoy reciba respuesta del apartamento. Ya lo estoy decorando, jajaja!

S: Ya veo tus talentos en acción. Será bonito, limpio y con buena energía.

A: International...awesome! Pido mucho? El apartamento es mío?

S: Mami, haz lo tuyo, procede y yo te ayudaré con tu elección, todo lo que sea para tu crecimiento se te dará.

S: Y Gloria aquí?

A: Hermanitas lindas, se aman. Hay amor y bondad no falta espiritualidad. Se enriquecerá una a la otra y reinará la fe que trae abundancia y la conformidad.

Mientras escribo, Goyi se lanza encima de mi, me quita el lápiz, se acuesta sobre el papel en el que escribo, camina sobre mi y hace hasta lo imposible para no dejarme escribir.

A: Uyyyy, este gatito es re-cansón!

S: Te dije, te acompañará.

A: Si, pero no me deja quieta.

S: Y para qué quieres estar quieta? Ponte a jugar! I like him. (Me gusta).

A: Me lo enviaste tú, verdad?

S: I have my ways (tengo mis medios).

TODOS MIS REGALOS SON DEL CORAZÓN, RECÍBELOS CON AMOR QUE DARÁN FRUTOS

A: Good morning mi corazón, hace tiempo que no hablamos por escrito. Te amo, te pienso, te extraño, te recuerdo y he estado más tranquila. Estoy ocupada, con planes, proyectos por desarrollar y sueños por realizar.

S: Mami, que bueno! Todos son sueños y los haz de realizar, tenle fe que todo se te dará.

A: Ves lo del apartamento? Ya casi, quiero tener las llaves en mis manos.

S: Ya lo hiciste, por lo que entiendo ya lo estás decorando!

A: Jeje si, le tengo miles de planes. Ayy Dios es tan agradable poder hacerlo. Gracias por tu ayuda, sabes que siempre he querido mi negocio internacional.

S: Si, ya has tratado, Edgar lo sabe y quizo ayudar, yo lo sé y lo estoy haciendo.

A: En serio Sebi? Puedes desde allá ayudarme a hacer mis sueños realidad?

S: Mamita, fui tu hijo y te amé, volví a mi padre y te amo más. Todos mis regalos son del corazón, recíbelos con amor porque darán frutos.

A: Ok, mi niño, visualizo el apartamento, la cercanía de Gloria, mis hermanas, calor humano, entrada de dinero y en realidad es un regalo tuyo para hacerme feliz. Todo es amor.

S: Vives y sueñas en la tierra, las satisfacciones materiales son algo y el amor que que pongas en ellas es TODO.

A: Gracias love, hoy es la inspección y de ahí creo que ya está todo. Gloria viene y arrancamos contigo siempre.

S: Siempre presente y ahora es mas sublime, te bendigo y amo, cuido de ti.

A: Me dice Lucero que el perder un hijo es tan doloroso que Dios luego te dará bendiciones y maravillas. Es esto lo que está pasando? Me están Dios y tú ayudando porque ya no estás conmigo? Ven mi dolor y quieren que entienda que no debe doler? Cuando te fuiste me sentí la mujer mas desafortunada, sentí morir y estaba enojada con Dios. Siempre le pregunté porque se llevo 'mi hijo' si hay tantas mujeres que no aman a los suyos ni les interesa ni cuidan de ellos, hay quienes desean morir o quienes sufren. Por qué Dios me eligió a mi para pasar por ese dolor. Por qué yo, por qué mi hijo?

S: Porque es el plan divino y todo se te da para tu crecimiento. No lo ves pero no eres víctima, eres una elegida de Dios.

A: Ayyy... aquí es donde tendré que usar la fe. Elegida? El dolor de perder un hijo es insoportable, casi invivible.

S: Solo hasta que entiendas que tu dolor es en vano. Volví al cielo y te amo, velo y bendigo cada día. Estoy/Soy divinidad y vivo en ti para siempre, curaré tu dolor. Entretente con la vida mientras te ayudamos a enriquecer tu espíritu.

A: Mi Sebi, no me siento víctima. Estás con Dios y allá iré también. Fuiste y eres bendición, gracias por cuidar de mi, gracias por tantas bendiciones: cuerpo y mente saludables, familia, amor, sueños y tu espíritu siempre trabajando en mi.

S: Todo es bello en el reino de Dios, sé, no te preocupes-ten fe!

A: Contigo al frente aprenderé! Gracias por lo dado y lo no dado y por ti, mi bendición. Seguiré extrañándote, eso ya lo sé, ojalá pronto sin dolor. Eres mi vida entera – antes mi niño adorado ahora mi salvación.

S: Eras mi madre adorada ahora mi rendición!

A: Qué es rendición?

S: Es el momento en el que dices: "Dios soy tuya, te lo entrego todo y me libero. Vine a reinar en tu nombre-Soy fe!"

A: Por qué soy TU rendición?

S: Porque tu rendición es la mía.

A: Por qué?

S: Somos UNO!

A: Ok mi vida... I' ll stay with that thought. Bye tqm (me quedo con ese pensamiento).

S: Bye, have a beautiful noisy day - birds, wind, nature! (bye, ten un día ruidoso y maravillosos – pájaros, viento, naturaleza!)

(Mientras escribía a las 7 am, escuche los pájaros trinando mientras el viento movía los árboles y ellos crujían. Los pájaros parecían haberse revolucionado y cantaban en algarabía, noisy day, it is!)

ERES NATURALEZA Y VIDA
PARTE ESENCIAL DEL PLAN DIVINO

A: Hola mi corazón, qué haces?

S: Observando la naturaleza.

A: Si, es bellísima!

S: Dímelo a mi que soy 'ella.'

A: Hoy amaneció creidín mi Sebi!

S: Just aware of my surroundings. (Simplemente consciente de mis alrededores).

A: Ó sea?

S: Detenerme a verlo mientras siendo.

A: Y yo? Me imagino que puedo verlo pero no serlo.

S: Eres naturaleza, vida y parte esencial del plan divino.

A: Mi niño, no tengo estudiantes todavía, que hago para atraerlos? Mi negocio depende de ellos. Quiero llenar mi salón, qué hago?

S: Con fe nada te faltará. Los estudiantes se alistan para entrar a tu jardín!

A: Que debería hacer, necesitamos pagarnos salario.

S: Te ha faltado? Todo llega cuando debe llegar, espéralos.

A: OK, pero...propaganda? solo fe? llamadas?

S: Te hago una lista:

    1. Fe

    2. Lealtad

    3. Amor

    4. Diligencia

    5. Optimismo

    6. Creación

    7. Ambición

    8. Alegría... y No al temor y Sí al Todocreador!

A: Tengo grandes planes con lo de Study Abroad; conoces mis planes.

S: Me gustan, me apunto. Eres buena profesora se beneficiarán de tus servicios. Suena bien, se está desarrollando, Gloria, tu, Becca y hasta Myriam se involucra; quiere, puede y conoce.

A: Por qué Myriam?

S: Porque quiere ser parte del plan bien elaborado- gozará y también otros se beneficiarán.

A: Hummm, Myriam, por qué?

S: Sí, enséñale tus logros, llevará tu energía a quien la deba recibir. Myriam quiere ser y no ha podido, envíale eso y lo recibirá con amor.

A: A veces no te entiendo nada. Lo único que puedo asegurar es que todo lo relacionado contigo es energía positiva, sonrisa, calor en mi corazón, paz y mucho mucho amor. Continua conmigo me estás iluminando mi camino. Lléname de fe. No me sueltes de la mano que estoy muy débil.

S: Caminamos tomados de la mano, no te dejaré caer, ten fe, entrégate a Dios.

A: Como Sebi? Lo suelto todo, mis sueños, no ambiciono nada?

S: Al contrario, sueña y ambiciona el amor. Cree, da amor y nunca dudes. Vive y entretente y que la semilla del amor esté siempre en ti.

A: Solo eso? Hay algo mas, lo sé!

S: Vivir en el nombre de Dios, creer en su misericordia, sin dudar.

A: Todo es lo que tiene que ser.

S: Lo es para tu crecimiento.

A: Capto tu mensaje, solo quiero vivir en paz y armonía y evitar el sufrimiento, otra desgracia/accidente no podría, me derrumbo, no quiero sufrir.

S: No viniste a sufrir y no debes. Cree, entrégaselo todo a Dios y el vencerá y desboronará todo miedo, dolor y pena.

A: Uyy Sebi, hoy estas muy bíblico, me gusta mas lo sencillo, clarito!

S: Lo se y todo lo es, si está en Dios.

A: Sencillo si estás con Dios?

S: Done! Solo paz! (hecho!)

A: La obtendré?

S: Depende de ti, tu eliges: VIVES Y SUFRES o CREES Y VIVES.

A: La segunda

S: Good! Buena elección, te amo ovejita necia

A: Jajaja, hacia tiempo no me llamabas así.

S: No? Que descuido!

A: Very funny (muy gracioso). Te amo!

CADA DÍA ES UN REGALO.
UNA OBRA DE ARTE QUE NADIE PUEDE COMPRAR PERO PUEDE DISFRUTAR

A: Mi niño hermoso, se pasó el fin de semana. Te amo, te extraño y me mantengo muy ocupada y no te lloro tanto. Pero sabes por qué? Porqué no miro tu foto, ni pienso en como eras, ni trato de recorder tu voz cada minuto, cuando me decías" Mom, has visto mis zapatos… y mi billetera?" De lo contrario creo que si lloraría todo el día. Hago bien?

S: Bien? Mamita, soy un bello recuerdo un ayer, ahora soy un ser omnipotente hecho de amor. Sebastián, tu hijo, está engendrado en ti. No soy pena, soy esperanza, soy vida en libertad.

A: Y mi Sebi?

S: El más bello recuerdo para mi madre a quien amo y con quien soy y estoy.

A: Cuando te vea en el cielo, veré a Sebastián y su bella sonrisa?

S: Verás mucho mas allá con los ojos cerrados, me identificarás, soy gracia y fe y de eso estarás hecha.

A: Me falta mucho para volver a estar contigo?

S: Estoy contigo, nos separa –no el tiempo- la misión! Cumple la tuya y nos vamos a volar el espacio infinito.

A: Debe ser bello ser libre, ser como tú y estar allí. Quiero volver de donde vine. Aquí duele mucho el corazón por no saber como ser. Allá nada duele, ni el dolor de una madre por no tener a su hijo con ella. A ti no te duele.

S: Dolor? No existe, creación humana. Si existe el amor puro no el dolor. Y tu misión? No la quieres completar? La vida es bella, la tierra fenomenal y tú pudiendo vivir y elegir- no viviendo? Necios somos no queremos ver. Abre tus ojos y vive cada día es un regalo, una obra de arte que nadie puede comprar pero puede disfrutar.

A: Si, la tierra es fabulosa y estoy aprendiendo a ser agradecida. Tu sabes que en un sueño vi el paraíso eterno y es HERMOSO, lo es todo. Cómo no voy a querer estar allí?

S: Lo estarás, mientras vive en fe y sé. La vida es privilegio y no a todos se les da.

A: Te amo, entiendo, vivo y ojalá crezca pronto. Agradeceré cada día y viviré lo mejor que pueda, con mucho amor y sabiendo que pronto volveré a su reino.

S: Mamita, vive- todo se te dará. Dios te ama y eres mi ovejita necia que entiende pero no cree.

A: Contigo mejoraré. Estoy mucho mejor, te extraño mi niño, solo sé que te amo mucho Sebi hermoso, mi bendición. Ciao mi niño, me regalas la frase de hoy?

S: A vivir hoy, ayer se fue y mañana no se sabe. Hoy regalo perfecto para la mamita más bella del mundo. Nuestras manos entrelazadas; lazo de amor, confianza y lealtad. Voy de tu mano, vamos a caminar, recorrer el mundo en plena felicidad. Amor eres y eso soy yo. Buen Hoy!

TE BENDIJO CON MI PRESENCIA
TE ILUMINA CON EL AMOR EN MI AUSENCIA

A: Mi niño, por qué siento que logro vivir bien sin tu presencia y de repente me derrumbo? Me duele el corazón, la pena me invade y el vacío se hace insoportable. Quiero que quien lea este libro obtenga de el palabras de aliento y esperanza y que aprendan de tu sabiduría y gran amor, pero no soy un un buen medio, no soy ejemplo a seguir. Quiero pero me falta fe, no por gusto, no se como Ser! Lo he de entregar todo y liberarme y ni sé como hacerlo. Tu partida, una lección muy fuerte, diez meses y aunque he tenido momentos de luz tengo muchos de dolor. Amo tus palabras y el Amor que eres...pero yo, tu ovejita necia y que no puede ver, será que algún día puedo? Si eres lección para mi, porque tan fuerte? Y a la vez no lo es... el ser que mas amaba sobre la tierra es hoy el ser mas sublime y amoroso del universo y es Amor. Gracias Dios?

S: Gracias señor! Haz de encontrar la paz y el alivio de lo que hoy es tu pena. Todos somos hijos de Dios y a El hemos de volver. La vida te dio mi vida y ahora soy ser de paz, alumbraré tu espíritu, no te dejaré caer. Llora si tienes que hacerlo, eso es emoción y sensibilidad, no debilidad. Haz logrado levantar la cabeza y si crees y te entregas te liberarás. Soy bendición para ti y es tu hora de reinar. Vive, sueña alimenta tu espíritu que ya pronto llegarás. Se digna de entrar en su reino sabiendo que sus acciones son de amor. Acaso me tomo de la mano para hacerme daño? NO! me liberó y me dejó engendrado en ti, puro como un diamante y transparente como las aguas de su manantial. Te bendijo con mi presencia y te ilumina con el amor en mi ausencia. Soy vida, esperanza, no causo dolor, es tu deseo de poseerme, somos libres y así si podemos amar. Cree en su bondad, te bendijo y lo sigue haciendo siempre. Quiere ver tu liberación, mi rendición.

A: Es fabuloso todo lo que me dices, ya he de mejorar. Voy de tu mano, no me dejes atrás. Lléname de amor y comprensión y enséñame a amar como Dios manda.
S: Está contigo ese amor, déjalo salir. Libérate, nada pasará, por el contrario, volarás! Eres ave con alas, ponlas a volar – Libera tu espíritu!
A: Cómo me ayudo, a que me aferro. Qué tomo en mis manos, cómo vuelvo a mi corazón?
S: La imagen mía caminando hacia el sol – tu de mi mano sonriendo confiada, como una niñita saltando de alegría.
A: Toma tiempo.
S: Suficiente para recapacitar.

A: Gracias mi vida, salgo a trabajar. Acompáñame, ayúdame y que mi negocio se levante, quiero triunfar.

S: Y acaso lo dudas? Pronto será, sueña que todo vendrá - vive que todo trabajará. Libérate que eres libertad!

A: Chiao, buen hoy!

S: Buen amor, vida y color. Ve la inmensidad, vida y amor. Eso somos tu y yo!

DECISIONES PROPIAS CONSECUENCIAS OBVIAS

A: Hola mi niño, otro día hermoso. Aquí meditando y tratando de controlar mi mente porque tengo pensamientos tristes y quiero cambiarlos a positivos, quiero estar bien. Me ayudas?

S: Tu mente es tu eje y tu timón, de ahí lo manejas todo. Escoges el sendero de piedras y chambas o el camino recto, el que te permite parar, ver el horizonte y disfrutar?

A: El recto, pero dudo, me asusta no lograr nada. Mi trabajo, el estar bien, sentir felicidad, etc.

S: Por qué no lo lograrás? Hoy decidiste que no? Al fin quieres o no quieres?

A: Si quiero, clarísimo está. Quiero organizar el negocio y que se dé, que Gloria venga a vivir aquí, etc. Pero es que Dios hace maniobras que no entiendo. Creo en su bondad pero... me cambia la vida... ay no sé mi Sebi.

S: Mamita, ten fe y deja todos tus temores. Te gusta tu casa? Tú sabías lo que querías y ahí, estás sentada en tu lanai, quieres tu condo y ya lo vas a pintar. Gloria te ayudará en todo lo que necesitas, ella sabe la verdad.

A: De qué hablas? Qué verdad?

S: De que te puede ayudar cuando llega tu debilidad. Te guiará y velará por ti. Tiene mucho para dar.

A: Y yo que le puedo dar?

S: Un poco de tu ambición y una razón para mejorar. Vencerá obstáculos y también crecerá.

A: Ok love, seguiré decorando y haciendo planes. En todo me ayudarás.

S: Si es tu deseo Dios te lo concederá, es tu sueño, hazlo realidad.

A: Sigo contigo, positivismo, fe. Y si dudo, me lo dices? Si me debilito, me darás fuerza? Me haces consiente de mis errores?

S: Mamita, tú no debes de preocuparte, solo ten fe. Si es tu regalo, tuyo será. Olvida la firma, si lo pediste Dios te lo dará. Fe mamita, pide con amor y será tuyo.

A: Voy con fe ciega. Gracias por tus palabras porque soy necia y me entiendes mientras me das los que necesito? Eliges lo mejor para mí, así no sea mi galleta favorita.

S: Por ti te comes todas las de chocolate y en la noche estas enfermita.

A: Igualita a ti mi Sebi!

S: Qué ricas verdad? Me las comía hasta crudas.

A: Si y ni te importaba lo que yo te dijera. Las querías y las comías!

S: Si, pero me ganaba mi dolor de estómago. Decisiones propias consecuencias obvias. Aprendemos? A veces!

A: Me regalas mi frase de hoy?

S: Hoy es el mejor día de tu vida! Es un regalo que aún no has destapado. Qué esperas?

A: Ja, destaparé mi regalo.

S: Estoy contigo, nunca me fui. Te acompaño y bendigo, eres mi bella paloma en busca de libertad.

A: Lindas analogías!

S: Paloma + Libertad = Amor

SI AMAR ES VIVIR, VIVE AMANDO ESO ES ESTAR GOZANDO TODAS LAS MARAVILLAS DE DIOS

A: Otro día hermoso; naturaleza verde, pájaros cantando, aire fresco mañanero, mis ojos observándolo todo y tratando de inhalar la energía de la vida. Te amo!

S: Ese soy yo – todo lo que tus ojos pueden apreciar, regalo de Dios para sus hijos, creación perfecta y armoniosa.

A: Qué haces? Me ves? Me oyes? Estás cerca, lejos? Te puedo tocar?

S: Estoy y soy todo – La flor y su fragancia, alma y espíritu. Te veo en cada lugar que entra el corazón. Cuando amas, estoy presente - cuando lloras estoy en ti para consolarte y hacer tu corazón latir.

A: No puedo comunicarme contigo usando alguno de mis 5 sentidos?

S: Que sentido es el 'amor'? Ese uso yo!

A: Ayyyy mi Sebi siempre ando buscando algo mas palpable, menos grande. Ya subiré a tu nivel!

S: Quédate donde estás que si hay amor no hay distancia.

A: Me regalas mi frase de hoy, 'Mr. Sabelotodo', para recordarla todo el día.

S: Si amar es vivir, vive amando que eso es estar gozando todas las maravillas de Dios. Observa la tierra, es tu energía - bella, grandiosa creada para ti. Sé y ve feliz, tu hogar es bendecido.

A: Gracias mi niño, tqm! –Les voy a enviar esta a mis hermanas, les dices algo?

S: Tiitas, las bendiciones derraman sobre sus hogares, la fe sepulta las enfermedades. Ámense que mas bendiciones están por llegar. Dios las hizo hermanas, son una sola!

DIOS TE MANDA COSAS BELLAS, OJOS PARA OBSERVARLA Y ESPÍRITU PARA APRECIARLAS

A: Otro bello, día, soleado, brillante, lleno de color. Qué me espera hoy?

S: Well, después de observar el reporte del clima, un aguacero de bendiciones y un centenar de ilusiones, y tu lo vas a vivir, ver y apreciar!

A: Mantendré los ojos abiertos, mente relajada y pondré atención a todo, pero te digo que es muy fácil distraerme.

S: Dios te manda cosas bellas, ojos para observarla y espíritu para apreciarlas.

A: Te recuerdo mucho. Acompáñame y siempre lléname de ti. Dame mi abracito, no lo olvides – te quiero mucho y te extraño un montón. Hoy recuerdo como corrías y jugabas los deportes, ni sabías las reglas del juego y estabas en la cancha. Te ponías nervioso antes de cada juego y te daba por hacer #2 justo cuando empezaba el partido. Yo me angustiaba, reía y me ponía nerviosa por ti. Tenías muy mala puntería, no atinabas ni una, jajaja!

S: Quería ser un buen jugador y me faltaba agilidad, quería serlo todo y nada se me dio porque el poder estaba en mi y lo busqué afuera. Me atreví para satisfacer el mundo pero lo mío era yo, mi creatividad, mi talento espiritual era mi ser y bienestar.

A: Siempre te consideré un cerebrito, por encima de todo el mundo, inteligente, sabio pero inadecuado para esta sociedad que empuja, exige y quiere hacerte producir.

S: Quise ser un chico como cualquier otro, cool-popular, fui diferente a todos, no hallé mi pasión. Todo me gustó muy poco. Mi fundamento era espiritual y lo busqué en lo material.

A: Eras chiquito, no sabías. Yo quería que vieras lo especial que eras y en realidad lo fuiste. Amaste, te amaron pero creo que no fuiste feliz.

S: Quién lo es si se quiere satisfacer el mundo? El feliz es el que se ama y se da todo para crecer. El que se acepta como es y se atreve a no cambiar para los demás. El que ve sus manos y ve en ellas la creación divina, la bendición de ser.
A: Ese quiero ser yo y ahora tengo ayuda del cielo. "Tú, mi Titán"
S: Siempre la has tenido, ya la ves. Amate, sé, satisface tu ego y razón de ser.
A: Ok love, salgo al trabajo y me dices...
S: Que día es hoy? Ah, el de tu liberación, vívelo que tu rendición es nuestra salvación.
A: Mi-Nuestra?
S: Somos UNO mamita!

NO SOY TU DOLOR, SOY TU BENDICIÓN

Mi niño hermoso, tan distante que estás y tan cerca que estabas. Cada mañana, cada día y noche siempre pendiente de que llegaras y de que estuvieras bien. De repente...no volviste! Así, instantáneo, sin decir adiós partiste. Casi se me va la vida cuando no regresaste. Un dolor inmenso se apoderó de mí, no creí que pudiera sobrevivir; pero aquí sigo, ya casi un año después de tu partida. Días tristes y otros no tanto, con planes e ilusiones pero con un gran vacío; con sueños y esperanzas y confiando en que tu seas parte de ellos. Aunque sin verte te siento detrás de todos mis asuntos. Lo que me queda de vida la he de vivir sin ti, sin mi Sebi, mi niño hermoso. Pero tengo a mi Titán, tú, mi ser grandioso, mi amigo y protector invisible. Desde el cielo me ayudas a suavizar la pena tratando de enseñarme a solo amarte y no sentir dolor. He logrado mucho y me falta una eternidad- estoy aquí y tengo vida, he de vivirla. Dios me enseñará a hacerlo sin ti. Lograré vivir agradeciéndolo todo? Lograré vencer el dolor y obtener la paz? Me lleno de planes y ocupaciones pero creo que es un disfraz para cubrir el dolor. Vivo, trato de apreciarlo todo... la tierra es fabulosa, tengo todo lo que necesito y más. Es injusto quejarme y entonces no me quejo pero me duele el corazón y ahí estás tú. Gracias por todas las bendiciones, estoy bien pero la nostalgia me acompaña, estoy incompleta.

S: Lograrás obtener la paz a través de tu fe. Vendrás al reino de Dios cuando tu misión sea realizada. Tu misión: la mas bella bendición! Ser madre y saber a su hijo vivo en el Amor, reconocer la abundancia en la fe y ser parte del amor universal, sincronizar con mi espíritu y amar con pasión, reinar en la tierra en nombre de Dios, entregando amor del puro, incondicional; liberar mi cuerpo para que veas lo que soy, un ser poderoso, un magnate de amor, libertad y esperanza. No soy tu dolor, soy tu bendición. Vine antes y te alumbro el camino, claro y hermoso. No sufras, vive mi alma, eres mi espíritu, reina. Libérate y se. Tu vida es bendición divina y yo, tu guía espiritual.

A: Por qué tú el elegido? Por qué yo?

S: Por qué estás bendecida? Fuiste madre ahora hija, volviste a nacer. Tu hijo tu bendición, su partida- tu rendición. Dáselo todo al señor, el te sanará.

A: Qué es todo? Qué le doy al señor?

S: Tus angustias, pena y dolor. El lo disolverá todo.

A: Ya no te debo llorar? Eso también sanará? Y tú?

S: Yo? SOY, no te preocupes, me sabes bendito, ser de paz y libertad. Lloras porque te deje solita cuando en realidad estoy contigo. Soy tu espíritu, estoy engendrado en ti. Te damos la tierra y te quedas con el lodo.

A: Te entiendo pero me es difícil aplicarlo, todo es INMENSO!

S: Ser y confiar – No es más!

A: Ser y confiar...rezando? Meditando? Entrenando mi mente? Cómo?

S: Siendo y confiando. Eres amor: Selo! Confía el está contigo, pide y se te dará!

A: Hablamos mucho y volvemos al mismo punto: FE!

S: Tienes otro mejor plan? Tu fe te lleva, la falta de esta- te encadena! Confía en el amor, ese soy yo!

A: Confió en que todo se me dará. Lo simple y lo complicado.

S: Simple, complicado? Vivir en paz…simple! Obtener lo material…tontería.

A: Por qué tontería?

S: Porque todo es fácil si tú le pones la fe! It's done!

A: Goyi, está re cansón, se me llevo mi chancleta y me rasguño!

S: Contigo- siempre alerta, es amor.

A: El siente tu energía? Te ve? Estás?

S: Si, no es bobo! Sabe que fui, le di un poco de mi yo, para ti! Te ama y yo a ti. Regalo de Dios, sus animalitos creación divina para suavizar el corazón.

A: Lovely!

SOY TU HIJO ENGENDRADO EN TU ALMA
TU CONEXIÓN MAS CERCANA AL PROPIO DIOS

Buen día mi hermoso niño. Caminé y disfruté de la naturaleza. Te pensé y te lloré pero me di permiso de hacerlo, dijiste que las lágrimas limpian el alma y eso quise hacer. Reconocí y acepté que creciste; de guapo adolescente a un gran Titán, ser celestial y maravilloso. No te veré graduar de la universidad ni tendrás una familia. Así me lo dio la vida, así lo he de aceptar. No más preguntas como: Qué estarías haciendo ahora? Cómo serías? Eso es lo que me duele y eso es lo que no existe.

Hoy en mi caminata acepté tu partida - no puedo extrañar lo que no existe. Estás en el cielo y en mi corazón y de ahí no te me vas. Viviré con tu recuerdo, de lo que fuiste mas no lo que no pudiste ser. Te buscaré en lo espiritual y ahí si te encontraré. Pensar en que no vives mas en la tierra me hace daño y el saberte libre y en paz me da solo bienestar. Me aferraré a ese amor del que siempre hablas. Se que lloraré, pero no por lo que no existe, sino por lo difícil que es obtener la verdadera fe. Estamos mal enseñados y creemos que morir es el final. Me uniré a ti por ahora de corazón, cuando esté lista, iré a darte el abrazo que tanto deseo. Se mi luz y mi esperanza, enséñame a ser y no doler.

S: Mamita te entrego todo mi ser para que seas. El amor ha de triunfar, tu fe es libertad, cree en mi totalidad. Somos aves de paso y nunca pares de volar, extiende tus alas, disfruta tu libertad. Veintiún años son vida y vida es vivir. El tiempo no cuenta, porqué viví el plan divino, lo terminé y volví a casa. A mi madre la dejé en manos del señor. Yo alumbro su camino y le ofrezco liberación. Soy tu hijo quien está engendrado en tu alma, tu conexión mas cercana al propio Dios. Proyecta su amor en ti y lo hace a través mío. Conoce nuestro amor y lo celebra, quiere verte bien, con fe, esperanza y gratitud por tanto amor. Es bueno, nos ama, solo ES y lo da todo, no sabemos la inmensidad, limitamos la totalidad.

A: Sebi tanto amor es tan hermoso, quiero la paz de la que tu gozas, podré?

S: Solo con mucha fe. Crecerás yo te ayudaré!

A: Si, yo haré mi parte y no sufriré por lo que no existe ni puede ser. Mi hijo está en el cielo, Dios le tenía un mejor plan. Hoy alumbra mi sendero, solo tengo que ver. Te quedaste en mi, eres mi niño y en mi corazón estás estancado. Confió y me entrego a Dios, no quiero seguir penando.

Estás bien, eres todo, no tengo nada porque preocuparme. Gracias Dios por mi hijo, tu plan es mi plan. Me rindo, te entrego mi dolor, penas y angustias. Disuélvelas, quiero ser libre y vivir mi vida en este paraíso terrenal. Cámbiame, ayúdame, llévame de la mano y si tu instrumento es Sebastián, soy dichosa. Mi hijo, mi luz, mi bendición.

S: Mamita, eso soy para ti: amor, bendición y rendición.

A: Creo, soy y aprenderé, soy estudiante y profesora, eso es lo mío.

S: Tu maestro el señor, su instrumento "yo", un Titán formidable que te protege e ilumina. Vamos mamita, tu puedes!

A: Podemos!

S: Yo ya coroné, ahora tú!

A: Me tengo que morir?

S: Empieza en la tierra, para que esperar?

A: Got it! I love you with all my heart! (Entendí! Te amo con todo mi corazón).

ERES AVE APRENDIENDO A VOLAR. TU ESPÍRITU EL MOTOR, LAS ALAS LA FE

Durante mi caminata mañanera observé la bella naturaleza. A las 7 de la mañana la brisa es fresca y el sol apenas esta tomando fuerza. Es un espectáculo maravilloso al que pocas veces prestaba yo atención. Hoy, mientras camino converso con Sebastián. A veces me dirijo a el mirando al cielo, otras veces hablándole a los pájaros por si acaso el es uno de ellos. Lo busco en cada flor y en cada árbol; en el lago y en las aves. Hoy se dejó ver.

S: Sebi estás conmigo? Estás aquí? Eres el pájaro? Me regalaste una vez una frase que nunca olvidaré: "Escucha los pájaros, obsérvalos volar, en su vuelo está mi espíritu y en sus alas mi libertad".

Terminó de decir esta frase y un hermoso pájaro blanco vuela sobre mi, tan cerca que puedo ver sus ojos, su pico y sus patitas semi escondidas entre sus alas. Continuo mirándolo volar y está solo en el cielo, no hay otra ave más que "mi Titán". Vuela, o flota en el aire, hace círculos. Mueve sus alas y después las deja quietas para deslizarse en el aire con armonía, sin esfuerzo alguno. Hay una nube blanca detrás de la cual se esconde el sol, el resto del cielo es azul claro, inmenso, sereno, bello. Arriba, solo el ave, el cielo, una nube y el sol.

Todo ese espacio es para ti? No te cansas de volar? Le pregunté al ave.

Mi respuesta fue inmediata. El ave dejó de batir sus alas y se dejó llevar por el viento que soplaba suavemente. Mi 'Titán' flotó por varios minutos y entonces el sol, el cielo, el ave y yo fuimos uno. Me dejé llevar de su vuelo placentero y de libertad. Pasarían 10 minutos, no lo sé, pero mi espíritu se unió al de Sebastián, entendí lo que es ser libre.

A: Sebi, eras tú? Dime que tú eras esa ave!

S: Fabuloso su vuelo, símbolo de libertad, fluye con la naturaleza, no existe enemistad. Las nubes la decoran, el sol la calienta mientras la brisa se desliza entre sus alas y las hace danzar. Poder sublime, amor de Dios, creación divina, natural y de bienestar. El cielo infinito, el ave criatura de Dios y mi espíritu libre para SER!

A: Eras el ave o estaba tu espíritu en ella? Te sentí, recordaré ese momento, y llevaré en mi alma.

S: Si recuerdo como el de bebé, nos miramos a los ojos, el amor se sintió y fuimos!

A: Gracias por el ave que voló sobre mi por un largo tiempo, hermoso espectáculo. No se cansó? Estuvo volando por un largo tiempo (mi nuca si se cansó y empezó a doler).

S: Te cansas si vas con la corriente? Ni siquiera tienes que nadar. Mi vuelo fluye con las olas del aire, soy, solo extiendo mis alas.

A: Yo no tengo alas.

S: Tienes cuerpo, maravilla divina, sabio; perfecta creación.

A: Si es perfecto, increíble, imposible de imitar. Gracias por recordarme todo lo que tengo y no lo que no tengo. Así si me ayudas.

S: Eres ave aprendiendo a volar. Tu espíritu el motor, las alas la fe.

A: Jeje, me gusta, me arreglaste el día y hoy vamos a visitar a mi Estebitan a la 'U'. Quiero darle un abrazo y que me de uno de parte tuya. Estás en el.

S: Vamos, nos está esperando, lo amo!

A: Aww, siempre te cuidó, te quiso, se preocupó, fue muy tierno contigo.

S: Lo admiré mucho, cálido y querido por muchos. Se está convirtiendo en un hombre muy guapo, fuerte y muy digno. Fue mi compañero espiritual, amado y bendecido llegó a tu hogar.

A: Como que tengo muchas bendiciones, verdad?

S: Y lo dudas? Para mi que eres una de las preferidas de Dios.

A: jajaja imaginas eso fuera cierto?

S: Lo es en tu corazón. El te ama y lo sabes. Ves tus bendiciones?

A: Sí, estoy agradecida. Gracias por el vuelo espectacular hermosa ave!

SE, TEN FE QUE LA VIDA ES TU OBSEQUIO Y NO TU CONDENA

A: Mi bello Sebi, que rica la lluvia, las plantas la aman. Todo es verde y bello.

S: Fabulosa es la tierra, el reino de Dios.

A: Mi niño, tu tía otra vez está tristona, sin ánimo, deprimida-resignada a vivir porque le tocó. Te pide ayuda y consuelo, háblale por favor.

S: Tía bella, la vida es una bendición y no la has apreciado, es corta y se nos va. El privilegio de vida lo da el señor a su rebaño elegido. Quiere que seas y ames y vivas con dignidad.

A: Lo entiendo pero no sabe como- se deprime.
S: Depresión es símbolo de negación! Insistes en que la vida no tiene sentido y se lo quitaste, por eso duele.
Repite Tía bella:

Gracias por darme vida. Seguiré el sendero que me alumbras y creeré en mi bienestar. Mi misión me has dado y soy parte de un plan divino. Amo a mis semejantes como a mi misma y aquí en la tierra disfrutaré tu reino. Me entrego a Dios Todopoderoso porque solo tu calmas la turbulencia de mi manantial. Fe me falta, y la obtendré viendo la vida como el regalo de amor mas enorme a recibir. Baso mi vida en el amor y mi dolor te lo entrego. Enséñame quiero aprender! Amen.

A: Bonita oración! Por qué no duerme?
S: La vida te lo da todo y solo tomas pequeñeces, te desvelas y así de pronto recapacitas que amor es vida y la vida es un ciclo. No duermes cuando interrumpes ese ciclo con lamentos. Sé, ten fe, ora que la vida es tu obsequio no tu condena.
A: Puedes ayudarla?
S: Por mi tiita, lo que sea! Pero no puedo obrar si ella no lo desea. Se reniega por estar viva, no deja el amor a la vida fluir.
A: Cómo hace?
S: Mamita, como se debe- con fe! El existe, nos ama. Acaso cree que la está castigando porque le dio vida? Solo es una oportunidad de 'ser' en la tierra y para luego regresar al reino.
A: Pero hay gente feliz y otra como tu tía adorada.
S: Y todos podemos ser felices pero escogemos no serlo.
A: Ó sea que ella lo escogió?

S: Se le dio lo que necesita y Dios siempre le da su amor y ella lo mira mal.

A: Gracias mi bebé, me voy. Una frase de 'cierre' para ella?

S: Mientras hay vida hay esperanza, acepta al señor y su creación. Eres su hija, nunca te desamparará. Creación para ti disfrutar. Eres su hija, déjalo obrar en ti. Agradece tu vida, es un buen principio.

A: Gracias Sebi, te amo mucho, bye!

S: Love you beautiful sisters, vínculo de amor. Hasta hermanas tienes Estelita, otro regalo de Dios!

OBSERVA Y BENDICE TUS MANOS QUE SON UN REGALO DE DIOS

A: Sebi, Estela quiere que le hables. Dedos que no quieren vivir, por qué? Qué consejos le das? Qué hace mal? Le hablas, por favor?

S: Mi tiita hermosa, espejo y luz. Refleja lo que eres, ser de luz. Tus manos prodigiosas, agobiadas por detener el flujo de tu liberación. Levántalas al señor, dáselas para tu sanación. Dáselas con bendiciones, sanarán si ves que el flujo fluye con tu alma en coordinación de los decretos de Dios.

A: No entiendo y creo que Estela tampoco. Qué hace?

S: Bendecirlas, observarlas y que vea el regalo de Dios. El es benevolento y quiere que el amor fluya por sus venas con energía y rendición.

A: Por qué le sucede eso? Manos sin vida? Mejorará?

S: Crees? – Quieres vida? Tu vida? Búscala en la fe que se te dará.

A: Qué hace mal?

S: Mal? Nada, solo vive y no fluye, no hace caso a sus instintos y está estancada.

A: Cómo se desestanca?

S: Escuchando a su ser y haciendo lo que quiere SER.

A: Ayy, sigo sin entender.

S: Decisiones a tomar, temor de cambiar, complaciente con poco, pasando por la vida, puede ser y obtener. El reino de Dios es grandioso y se amaña con pequeñeces. Avanza y retrocede, no fluye-se estanca.

A: Qué tiene que ver esto con sus manos?

S: No circula, no vibra se condensa. Avanza, retrocede, no fluye.

A: Cómo fluye? Qué debe de hacer?

S: Estelita...que debes hacer? Un trabajo? Lo has soñado? Lo quieres, lo tienes!

A: No comprendo nadita...dile algo a ella, mas palpable, please!

S: Vive, goza, sal, trabaja, descubre, inventa, mente prodigiosa dormitante en el diario vivir. Eres energía vibrante estancada en tus manos. Puedes crear y no lo has hecho.

A: Ok, yo no entiendo, confío en que Estela si, entonces le dices...

S: Manos de Dios, creación divina. Talento, cualidades adulteradas por complacencia y no superioridad. Eres lirio de cristal; irradias y retienes. Libera, crea, sé!

A: Estela te llamó 'espejo de mi alma'.

S: Espejos, luz, reflejo, imagen, energía. Mira en tu interior y contesta: Qué quiero? Material? Está bien, el reino de Dios es millonario, todo lo obtienes si desarrollas la idea o la estancas como estancas el flujo de la producción de tus manos. Espejo y esperanza, capacidad de desarrollar talentos.

A: Ok, mi niño hemoso, le pasaré el mensaje.

S: No te lo quedes, es suyo!

A: Ey, no me lo guardaría para nada, silly boy!

S: Ella si lo entiende; se conoce bien aunque no se atiende.

NO VOLVERÉ PORQUE SI SOY ESPIRITU PARA QUE NECESITO CUERPO?

Anoche tuve un sueño difícil de descifrar. Estábamos en mi casa, en una reunión familiar. Sebastián lucía guapo, con sus hombros anchos y su bella sonrisa. Sabía que estaba acompañándonos pero no sentí la alegría de saberlo cerca a la familia. Les dije a todos mis familiares que Sebi estaba con nosotros y ellos sonrieron con simpatía y melancolía. Insistí en que lo vieran y ellos continuaban sonriendo tímidamente, sin aceptar o negar la presencia de Sebastián. Acaso no lo ven? pregunté a los invitados, mientras lanzaba mis brazos sobre la espalda de mi hijo. Todos me miraban y no daban respuesta. Insistí he hice la misma pregunta, pero esta vez en tono desafiante. Mi amiga, Érica, me miró con tristeza y me dijo: "Adrianita, no lo vemos no está aquí! Acepté su respuesta y me senté en la sala de mi casa. Sebi bajó las escaleras, lo miré con melancolía. Ahora lucía extremadamente delgado, casi invisible.

A: Sebi, ese sueño, que significa? Qué importancia tiene? Siempre he querido soñar contigo, pero no un sueño así, no me gustó.
S: Mamita, los sueños son interpretaciones de la vida. Soy tu espíritu y me ves cuando quieres, nadie ve tu espíritu. Yo no soy cuerpo, se desintegró. Soy vida espiritual, Sebi no volverá porque si es espíritu, para que necesita cuerpo?
A: No fue un sueño bonito, no me dio paz.
S: Los sueños de vivir son más bonitos y vivo en ti.
A: Te fuiste desintegrando.
S: Proceso perfecto!
A: Algún mensaje al que yo me pueda aferrar?

S: A –FE-rrar! Fe que soy y estoy bien. Estoy en todas tus reuniones de familia, nadie me ve, solo tú porque me llevas en el alma y es el mejor lugar para estar.

A: Cómo me convenzo de que así es?

S: No me ves correr bajando las escaleras, ahora vuelo; no manejo un automóvil, no necesito timón; no bajo a desayunar, soy alimento; no ceno con ustedes, soy el pan. Te dije, crecí-no soy bebé ni adolescente soy tu espíritu y tu bendición.

A: No suenas como mi hijo sino como Dios. De mi Sebi a ser el 'pan'?

S: Llegué a El y siendo 'yo' todo lo soy. Tu siendo mi madre recibirás bendiciones del Todocreador, no solo me dio la paz eterna sino te la concederá a ti también, todo lo que necesites se te dará!

A: Sigues evolucionando! Cuando sigamos hablando, perderás tu esencia? El 'simpático' Sebi, también cambiará?

S: Yo no cambio, evoluciono. Tengo mis características y me van bien. Soy tu más bello recuerdo y chispitas de luz alumbrarán tu alma y te recordarán que soy tu bendición. Te amo y nunca te abandonaré. Mi bella rosa en lodo, Serás!

A: Tan grande como tú?

S: Casi, yo soy un 'duro'! Hey, quién es mi padre?

A: No es el mismo mío?

S: Si, pero yo evolucioné y tu no.

A: No me ha llamado a su reino, Tontín!

S: Y que esperas para crecer? A que tengas 100 años?

A: A que me muera, como tú!

S: En serio? Que harás el resto de tus días; no vivir para morir? Que tal si vives y reinas en la tierra como en el cielo.

A: Cómo?

S: Viviendo, siendo, sin temor y con alegría.

A: Te entiendo aunque me pides que encuentre un puntito en todo el universo!

S: Que tal si el universo eres tu y no el puntito?!

A: Oh my God, la cosa cambia así. Jejeje, sin comentario...

S: Se vida, luz y universo. Cada día crece mas en fe, vive, ríe, goza, ama, da gracias y vuelve a repetir.

CUIDASTE DE MI, NUNCA PREGUNTE SI SABÍAS O NO SABÍAS SER MAMÁ; SOLO CONFIÉ

A: Good morning, mi bello Sebi. Aquí en mi patio, viendo la naturaleza y a mi angelito que me acuerda de ti. (un ángel de concreto que me regaló mi hermana; es una figura de niño arrodillado y rezando).

S: El angelito, figura de concreto que representa inocencia, fe, niñez, confianza y paz. Todo lo que perdemos al crecer.

A: La inocencia la tenemos que perder de lo contrario nos comen los lobos!

S: Lobos? Los creas tú, no existen, no son!

A: Sebi, hay maldad, es innegable. Cómo puedo decir que no?

S: Maldad a nivel humano – perfección es espiritual.

A: Well, somos humanos! Tengo razón por primera vez?

S: Niña boba, lo humano es espiritual pero no lo cosechan, lo anulan. El mundo es material y el espíritu eternidad.

A: Otra vez entiendo, pero aquí estoy, soy carne, sentimiento, pena, mundo, sociedad y mucha falta de conocimiento. Demoraré una eternidad en aprender, esta vida no me alcanza para comprender y solo SER.

S: Depende de ti. Crees y te liberas o te aferras a que eres humana y así justificas todo.

A: Este angelito de piedra me gusta, me hace pensar en ti, mi pequeño Sebi.

S: Es símbolo de fe en la inocencia. Siempre de tu mano, seguro confiado, nada porque preocuparme. Dios es tu madre, tú eres su bebé, vas de su mano. Confía, se, ríe y se te cansas te levantará; si tienes hambre te dará de comer y cambiará tu pañal si te haces.

A: Hablas de ti y de mi hace 20 años atrás?

S: Cuidaste de mi, nunca pregunté si sabias o no sabías ser mamá; solo confié.

A: Ese angelito es palpable y es de piedra. Tú eres amor y tú estás muy arriba!

S: Qué tal si tú subes? La fe mueve montañas. Te amo y te deseo tu paz y tu libertad. Obtenla ya, mientas vives, es tu logro y tu liberación. Acá es dada pero la mayor satisfacción que te da la vida es llegar a SER y solo amar. Para SER debes confiar-confías y eres, porque te dejas guiar por la sabiduría de Dios y no la tuya. El reinará a través de ti, solo déjalo entrar.

A: Ese angelito es símbolo tuyo? Monumento?

S: Imagenes+piedra=nada

A: Qué?

S: El corazón, el amor = invisible, impalpable pero palpita, vive y ES.

A: Ay mi Titán a veces me pones a pensar y pensar. Tus palabras son mi energía, me las llevo. Bye mi corazón.

S: Ve con Dios y yo contigo!

EL AMOR ES EL CONSTRUCTOR DE LA VIVIENDA DONDE RESIDE EL ALMA

A: Buen día. Estoy bien, con salud e ilusión en mi trabajo que poco a poco se está levantando. Con planes, a veces de afán y con mucho y a veces nada. Lo del apartamento aún no se me da. Está aguantado, por qué?

S: Pues suéltalo y déjalo ser, haz lo tuyo y el resto se te dará.

A: Ves el libro que estoy leyendo? The Science of Success de Wallace D. Wattles. Qué crees, me ayuda?

S: Mami, grandes pensadores creen tener la respuesta y la dicen. Cada cual interpretará el amor a su manera porque esa es la única verdad que existe.

A: Y eso de que todo lo que pienses se te da, y que tu labras tu propio destino?

S: El amor es el constructor de la vivienda donde reside el alma. El alma es amor y si eso emana, eso obtiene.

A: No es pensar en forma positiva sino es amor?

S: Wallace lo llama frecuencia y yo amor. Si amas algo con tu alma es tuyo pero si lo haces por avaricia es posesión. El aire, el sol, las montañas son tuyas y no están a tu nombre. Para que poseer lo que es tuyo? Ama y se te dará – se y vivirás – vive y reinarás – reina y servirás al señor – le sirves y eres las montañas y el sol con su nuevo amanecer.

A: Aprendo a amar como dices o ya está en mi? Cómo puedo que las cosas surjan, mi trabajo, el apartamento, triunfar en mi negocio, enseñar, dar empleo, contar con paz financiera. Es eso avaricia?

S: Es eso lo que quieres?

A: Sí, mi salón, estudiantes, ser las mejores maestras, ayudar, crecer, crear programas de aprendizaje, surgir!

S: Mamita, está claro se te dará. Tú harás que suceda con fe alma y bondad. No apures acontecimientos, 'enjoy the ride' (disfruta el viaje). Ten mucha fe, ama tu oficio y a tus estudiantes y disfruta cada clase y mejorarás. Obtendrás reconocimiento, si eres bondad enseña el amor, te da aliento. Menciona su nombre, se digna de todo lo que recibes y eso te lo da la fe.

A: Y tú mi niño, dónde estás con todo esto?

S: En tu oficina. Soy tu estudiante y soy tu tutor. Siempre pensé que yo podía ser un buen maestro y ahora lo soy y lo seré para ti.

A: Eso es entonces todo lo que necesito (ah y los estudiantes jajaja).

S: Claro, no podemos desperdiciar el talento de enseñar.

A: Estoy feliz de que al fin me atreví a abrir mi oficina.

S: Te lo dije, el plan está hecho, 'enjoy the ride'. You will go wherever you want to go (irás adonde sea que quieras ir).

A: Contigo, tu llevándome de la mano!

S: Si mami, mi niña hermosa que no se quiere soltar de mi manito. Pero así fui yo, de tu mano con confianza, amor y libertad. Ni pensaba en caerme, me caí y me levantaste con amor y limpiabas mis heridas.

A: Es eso lo que tu haces hoy conmigo.

S: No te dejaré caer, siempre de tu mano y en tu corazón. Lo sabes verdad?

A: Si, y si me debilito me lo recordarás, lo sé!

ERES CREACIÓN DIVINA
EMPIEZA A VERTE Y LOS DEMÁS TE VEN

A: Hola mi Sebi, necesito ayuda. El humo, botar dinero, el no aprovechar días preciosos de temperatura fresca, ojos irritados... y aún sigo rutinas no saludables. Quiero vida saludable, caminar, hacer ejercicios y a eso si digo 'no'. Por qué Sebi? Qué hago para cambiar?

S: Querer hacerlo y decir 'no' a lo que no te va bien.

A: Sebi, mas ayuda!

S: Haciéndolo, no es más!

A: Sebi, be nice with me (se bueno conmigo).

S: Be nice? Se te da el mundo y escoges el hueco, un universo bello, lleno de color y escoges la oscuridad, montañas, aire fresco y escoges máquinas y humo negro, se te ofrece vida y no buscas libertad.

A: Auch! Si es verdad, soy tonta, aprenderé!

S: El dolor de cabeza ayuda y el tic en el ojo también. Vuela, el aire te hace libre, el cielo es tu techo, sin límite.
A: Sebi lo haré, hablaré con George y así será. Si acaso una vez al mes y porque no me sale un mejor plan.
S: Tu decisión, no la mía. Tú sabes lo que te va bien y lo que no!
A: Es un mundo material este en el que vivimos.
S: Acaso ese es el que vale?
A: Aquí sí, tener $ es importante, ser rica un beneficio inmenso!
S: Pues selo! Quieres casino - ve; quieres salud - no vayas, ejercita. Lo que quieras pídelo con fe y lo obtendrás. Se, vive, ríe y llora.
A: Algo más bonito, una frase tuya.
S: Eres creación divina. Empieza a verte y los demás te ven!
A: Sebi... no se me dio el apartamento.
S: Ja, good! Quieres algo mejor? Búscalo sin prisa ni demora. Si es lo que quieres se te dará.
A: Eso me dijiste de este apartamento, que si lo quería se me daría, y no fue así.
S: Entonces alístate para algo mejor! Habla con Cathy, (bienes raices) she is a nice soul (alma buena). Te ayudará porque quiere saberte bien y que elijas tu compra.
A: Ok, ready! Me dejaste pensando...Hago lo que quiero, yo decido todo?
S: Sí! 1. Impulso, 2. Deseo, 3. Consecuencia, 4. Negación, 5. Arrepentimiento 6. Otra vez oportunidad.
A: No entiendo!
S: Haces las cosas sin basarlas en el verdadero amor! Si así fuera, el proceso y resultado serían totalmente diferentes. 1. Amor 2. Deseo 3. Logro 4. Alegría 5. Satisfacción 6. Amor 7. Plenitud 8. Alabanza 9. Resurrección 10. Paz 11. Libertad.
A: Muy bonito mi Sebi. Le pondré a todo el amor. Me encanta todo lo que me dices pero me cuesta hacerlo todo al pie de la letra.

S: Amor…deseo, te día los ingredientes de la receta.

A: Trataré, no no trataré…seguiré las instrucciones!

S: Si sabes lo que quieres y llegas donde has de estar para ser.

A: Me voy a alistar, te amo!

S: Bye, ejerce tu voluntad y si lo haces con amor ya verás los resultados.

Un año después de su partida-

"Soy luz y armonia, recuerdenme sin melancolia".

A: Mi niño hermoso, vengo desde New Jersey de estar con mis hermanas. Hace un año hice este mismo viaje. Disfruté mi estadía y la convención de profesores, pero regresé a casa y no te encontré. Te fuiste para nunca mas volver, me dejaste sola! Mi corazón se detuvo y fui yo quien murió. Un año después de irte, sigo viva, con un vacío profundo, pero viva.

Es el aniversario de tu vida eterna. Como puedo celebrarlo en la tierra? Me preguntan si habrá misa o asuntos religiosos y no se que hacer. Qué hago? Cómo? Qué? Rezo, reúno a la familia, me entrego al llanto, corro, me escondo? Qué te gustaría que hiciera?

S: Mamita, soy luz, ilumina tu jardín, ahí estoy yo. La luz, las estrellas y el cielo nos acompañan; soy vida, soy energía. Se digna de saberme libre y alegre de ser tu guía. Ilumina tu jardín y tu vida que yo soy alegría y no pena. Soy luz amor, energía y sabiduría que te da el señor para seguir tu vida que ha sido bendecida con mi partida. Soy y estoy, nunca me fui. Tu patio llénalo de luz y tu corazón de amor. Une a los tuyos con el corazón, ellos se unirán para calmar tu dolor que ya debe purificar tu existir. Ilumina el cielo, velas, luz, estrellas, son la luz en la oscuridad y la paz de la noche.

A: Entonces que digo a mis hermanas, amigos y familia?

S: Que soy luz y armonía y que me recuerden sin melancolía. Soy vida bendecida y mi alma está viva. Los amo y cada velita es amor para mi mamita que se siente huerfanita cuando en realidad está acompañada por ángeles y arcángeles que la aman sin límite.

A: Un año sin ti, todavía siento morir!

S: **Un año contigo a nivel espiritual; puro profundo y sin ataduras ni dolor. Ese amor no duele, sana y te lleva a tu libertad. Ilumina el cielo y las estrella con luces y espíritus libres, sin dolor ni melancolía, solo celebración. Estoy en el reino de Dios y los alumbro, amo e ilumino. Quiéranme que los amo, soy luz y libertad!**

A: Luces, velas, bendiciones, agradecimientos, fe y comprensión. Alumbraré mi patio y a los que amo les pediré que prendan velas y luces para conectarnos contigo a nivel muy superior.

S: Mamita, con una sonrisa y la luz mas fuerte que salga de tu corazón. La llama del señor esta en ti y yo en ella. Celebremos en la luz y no la oscuridad. Somos energía. Ahí nos vemos!

TODO MOMENTO ES ESPECIAL
LA VIDA ES EL MOMENTO

A: Hola mi corazón, buen día. Podemos elegir y decidí dedicar este día a ti para apreciar todo lo bello que hay por todos lados donde mire. En mi caminata mañanera observé las hermosísimas flores que nunca antes vi (y paso por ahí paso casi todos los días). Vi cuatro venados, pájaros azules y de colores, otros blancos con unos picos enormes y encorvados. Sí, la tierra es bella.

Hoy a las 7 pm prenderemos una vela para ti. Familia y amigos te recordarán hoy encendiéndola a tu nombre y dándote lo que bien conoces: luz y amor. Te gusta celebrar así tu aniversario? Nos acompañas?

S: Mamita, todo lo que salga del corazón es fabuloso. Soy luz y esperanza y espíritu libre. Velas y oraciones sirven al Señor en mi nombre. Cientos de corazones unidos en oración tienen el poder de un ejército con armas infalibles que dan amor y libertad.

A: Significa algo para ti el tiempo? Un año de dejar tu cuerpo físico. Hoy son 365 días y unas horas de que tu cuerpo sin vida fue encontrado. Es cuestión humana u hoy es un día especial para ti?

S: Todo momento es especial, la vida es el momento. Hay que apreciarlo en su totalidad. Los números no son parte de la humanidad, son creados para estimar distancias y no para medir vivencias. Estaremos juntos hoy como siempre pero estarás consiente y atenta de mi presencia. Soy la llama en cada vela, soy la luz del mundo. Esos son los ojos mas maravillosos del mundo, te ven y no te juzgan, te aman y nunca te condenan.

A: Me confundiste: 'soy la luz del mundo' eres?

S: Si, somos uno y mis ojos son la llama del amor donde yace el verdadero ser.

A: ? Me perdiste otra vez! Happy anniversary! Celebras hoy?

S: Hoy?! Siempre! Aquí o allá Dios me cuida —soy y estoy, en el vivo.

A: Y yo?

S: Aprendes, quieres y puedes. Estas bendecida, confía, sé!

A: Quiero hacerte sonar este día súper especial y no me dejas!

S: Tu hazlo especial! Vive, goza, besa, come, satisface tus gustos, agradece lo dado y lo no dado, observa y repite!

A: Ok, yo lo haré especial.

S: Y quién más? Solo tu puedes niña necia.

A: Hey! Por qué necia? Qué dije, qué he hecho?

S: Te lo repito 'nunca te faltará' y sigues dudando!

A: Ok, de acuerdo, pero que tiene que ver eso con tu aniversario? Me cambiaste de tema, igual que lo hacías siempre.

S: El tema es uno: liberación es rendición! Suelta las armas no hay guerra, solo bendiciones del Señor!

A: Sebi, me estás revolviendo la cabeza, como lo hacías siempre con tanta pregunta que nos formulabas.

S: Quería respuestas y ninguna me satisfacía; tu tienes la respuesta y no estás satisfecha!

A: Ayy mi Sebi, te entiendo. Rendición es liberación!

S: Eso es todo, Amén!

A: I love you mi Sebi. Happy anniversary!

S: Happy moment, eres corderita y puedes ser cielo.

A: No Sebi, otra vez me confundes!

S: Jajaja son solo dimensiones. Te veo pronto con la luz del amor!

ANGELES: ESPERANZA Y AURORITA
TU HIJO ES DEL REINO DE DIOS,
VIVE Y BENDICE TU VIVIR

A: Esperanza, te escribo por primera vez. No te he visto, no te he hablado, sigues conmigo. Me puedes contestar?

E: El cielo es infinito y así es nuestra relación.

A: Mi hijo, Sebi, está en el cielo, lo ves?

E: Tu hijo es del reino de Dios vive y bendice tu vivir.

A: Qué relación existe entre ustedes dos?

E: Del cielo; espiritual y libertad.

A: Con quién me puedo comunicar mejor, contigo o con él?

E: Sebastián está en tu alma y yo en tu aura. Ama con el fuego eterno de su corazón, eres su ovejita y vela por ti!

A: Lo extraño mucho, Esperanzita, era mi niño hermoso.

E: Lo sigue siendo en tu corazón. Llévalo contigo, es la llama de tu vida.

A: Y tú? Me acompañas, vigilas o guías?

E: Te doy bendiciones y te acompaño en tu pena.

A: En mi pena? Puedo penar?

E: Te duele su ausencia y te cuesta ver. Crecerás y mientras, te sostengo - no estás sola.

A: Y dónde está mi Sebi?

E: ES, vive en el señor y el señor en ti.

A: Mis escritos; es con él con quien hablo?

E: Pregúntale a tu corazón.

A: Sus escritos me llenan de amor, pero no es mi Sebi, mi niño de cachetes grandes y sonrosados, el ya no existe.

S: El niño creció. Lloraste cuando dejó de ser bebé? Lloras porque se hizo SER.

A: Eres protección, guía o compañía?

E: Soy espíritu, bendición divina, creación perfecta, impalpable, total. Soy para ti, luz, energía empuje y sabiduría.

A: Tengo ayuda espiritual, cierto?

E: Tienes amor, apoyo y un plan divino.

A: Y tu Aurorita, mi otra guía espiritual, Estás, me acompañas?

Aurorita: Cuando no? Tocas mi puerta y ya estoy afuera para consolarte.

A: Entonces está bien que llore por mi Sebi?

Aurorita: Muy simpático, noble y adorado. Quién no llora de no verlo? Es eterno y es bello, querido y bendecido, con un vínculo insoluble con su mamita terrenal.

A: Ángeles, guías gracias por estar conmigo. Díganle a Sebi que lo amo.

Esperanza y Aurorita: Díselo tú, que el te escucha con tu latido y su corazón en tu pecho emanando amor. Estás débil pero obteniendo energía que te da la sabiduría. Cree, ríndete y libérate. Sebi contigo, nosotros para ti!

SOY TODO
ESENCIA, AROMA, ANIMAL, CIELO Y LUZ

A: Semana laboral nueva, allá en el cielo no vale, cierto? Como está mi niño hermoso? Te extraño, vi un video tuyo y me derritió. Estás en mi corazón y estás bien pero tu presencia física era hermosa, maravillosa y ahora la siento como indispensable para mi alegría, mi hermoso niño 'despistado'.

S: Hola mamita, aquí estoy en forma mas pura, libre y de amor. Mi existencia física tuvo límite, ahora ya no. Soy todo, esencia, aroma, animal, cielo y luz.

A: Yo no se todo eso, enséñame a no extrañarte tanto y a no verte.

S: Aprendes mientras vives si te enfocas en el amor, ámame como me amaste al nacer y al hacerme hombre y ahora como un ser de luz que ilumina tu sendero.

A: Estas navidades pondré luces por toda la casa porque eso eres tú, luz.

S: Tú también lo eres si te quitas el lodo de encima.

A: Jajaja, ok. Me voy a alistar. Tengo nueva estudiante, estoy entusiasmada con la llegada de las niñas Santos, el nuevo apartamento, etc.

S: Todo maravilloso si lo disfrutas y lo deseas. Ponle alegría, sueña mientras vives. Ve tu compañía crecer y las cuentas disolver. Nada te faltará, ya lo sabes!

A: Gracias mi corazón, voy con tu amor, llena de ti mi vida, confiada, segura, decidida. Fuerte y valiente porque tu me das todo eso.

S: Mamita eres bella y luces en tu cuerpo porque tu espíritu le da vida y yo sabiduría. Llévame contigo y venceremos. Somos magníficos y no lo sabemos. Que te alcance la vida para saber que es alegría que en realidad es liberación. Tu plan es divino, perfecto; vive y se desarrolla en armonía y cordialidad.

A: Pero mi plan está hecho? Lo que va a pasar ya está escrito?

S: No escrito, por escribir. Todo se te da para tu crecimiento. Ser de luz, recupera tu luz!

A: Entonces solo fluyo con las aguas del manantial puras y benignas?

S: Fácil, ni siquiera tienes que saber nadar.

A: Yo se nadar.

S: Flota, déjate llevar y no te cansarás.

A: Como tu vuelo? Ese hermoso pájaro que 'glided in the sky'? (se deslizaba en el cielo?)

S: Ni movía sus alas, se dejaba llevar.

A: Me voy mi Sebi, los estudiantes están llegando!

S: Grandioso, fenomenal, por fin tu sueño hecho realidad! Tu vida bendecida.

A: Humm, hasta tengo un hijo en el cielo!

S: Graduado con el título de amor celestial, con honores y libertad, con bendiciones a su mamita que nunca va a estar solita, su corazón inundado de amor y paz. Grandes honores!

A: The highest! (los mas altos!).

S: Supreme, Magna. Un hijo en heaven...that is cool!

SOLO TU CORAZÓN ENTIENDE LO QUE TU MENTE MANIPULA

A: No me he permitido parar y pensarte y entonces, no he llorado. Celebraciones de "Thanksgiving", justo en la época que te fuiste. Qué quieres tu de mí? Te pienso? Me entretengo y trato de olvidar la pena. Le huyo o la enfrento?

S: Mamita, que quiero yo de ti!? Solo tu felicidad y liberación. Vive el momento y no más. Lo que sientas te va bien. Si ves mi foto y sientes deseos de llorar, hazlo; un ratito u horas, tú sabrás!

A: Me dejaste en las mismas. Como debería estar yo después de tu partida?

S: Mamita, no hay deber, solo libertad. Escoge ser feliz; yo no estoy ahí y eso no lo puedes cambiar. Solo tu corazón entiende lo que tu mente manipula. Se libre, llora, ríe, como un bebé llora cuando algo le molesta y ríe a carcajadas por ver una mosca volar.

A: Vivir el momento, verdad? Ok, mas claro todavía. Miro tus fotos, pienso en ti y en tu cálido abrazo, traigo a mi mente recuerdos a mi mente y lloro por horas; pero también puedo no pensar y entonces no llorar. Cuál de las dos cosas hago?

S: Vivir, elige SER y reconoces que estás viva y que pronto vendrás a este reino. Disfruta que yo me fui antes pero no para causarte dolor sino para que SEAS. Mi partida es dolorosa para el ser humano pero es también vida – no debe dolerte; soy paz, fui tu pequeño, soy tu gigante y no me puedes sostener en tus brazos y es eso lo que duele. Es recibir un trofeo gigante y no lo aceptas porque te pesa. Soy ese trofeo, llévame contigo, soy el logro que te dio el trofeo, tú te lo ganaste.

A: Como siempre inmenso, pero es que estaba dichosa con mi Sebi, mi trofeo.

S: Ahora tienes otro y mejor. Grande como el cielo – no te cabe en tus manos solo en tu corazón.

A: El trabajo, mi negocio, el apartamento, los planes que hago; ayudan o son solo cosas que me invento para ocuparme y creerme bien?

S: Mami, las mismas preguntas de las que tienes respuesta. Tu trabajo-dignidad; negocio-entusiasmo y ambición; el apartamento – edificando muros para tu tranquilidad. Existencia, salud, mente, actividad.

A: Te gustan las pulseras que estamos haciendo?

S: A mi y a muchos, eres prosperidad.

A: Gloria es, ella las hace!

S: Jajaja creída, sabes que eres buena con tus ideas. Se alumbrará el bombillo, ya verás!

A: Gracias por todo, voy a desayunar.

S: Disfruta tu café, soy aroma.

A: Una frase para hoy, please...

S: Sientes el sol? Cada rayito es mi luz en tu corazón, acéptalo y te calienta el alma donde aún hace frío y sientes dolor.

A: Estás conmigo, lo afirmo!

S: Soy en ti, lo somos!

NO TEMAS A NADA TODO ES AMOR.
NADA HIERE CUANDO ERES, SOLO SI ACTUAS

A: Tomo mi café, me relajo, agradezco por todo lo dado y pienso que mi vida es bonita. Entonces doy gracias a Dios y de repente siento miedo que algo pase. Tiene sentido? Sentí un día que todo estaba bien en mi vida...y moriste.

S: **Los temores no son vida. La naturaleza si, la ilusión y el amor te mantienen viva de verdad! Confía en Dios que nada te quitará que necesites, solo tomará lo que ya no 'es' para que 'sea' y lo que 'es' te lo deja para que vivas. Fui tu niño, no me necesitas físicamente pero si para irradiar en tu corazón; soy tu bendición, veme como tal. Mi muerte es tu resurrección, que no sea en vano. Vivo a través tuyo, te guío e ilumino. Suéltate que no hay peligro, solo bendición.**

A: Me suelto creyendo y solo confiando en Dios?

S: Y en ti, que te hizo perfecta y poseedora de diversos talentos que evaporan por miedos y falta de fe.

A: He mejorado. Mi fe ha crecido, tengo temores, pero no es fácil.

S: Con Dios, la corriente – todo es fácil.

A: Ok mi niño, regálame una frase que por ser tuya me aferro con el alma. Mi rendición? Cómo lo hago?

S: El cielo es el límite de tu creación eres benevolente porque vienes de Dios. Obtén lo no dado y deja crecer tu espíritu. No temas a nada, todo es amor nada hiere cuando eres, solo cuando actúas. Libera tu espíritu, crece en el señor, Entrégaselo todo y verás que bien te va.

A: Una frase mas fácil (jeje).

S: Sinvergüenza: AMA, SE, RINDETE, esa es tu misión, el resto ya te es dado.

A: Y tú?

S: Yo soy!

A: Y para mi?

S: Tu pastor, por lo tanto, nada te faltará!

A: Bello, Ciao, buen día!

S: Divídelo en días si quieres pero es una totalidad de vivencias, que valgan la pena. Life is abundant! (la vida es abundante). Be well, be with God! (está bien, está con Dios).

NADA QUE NO SIRVA LLEGARÁ, SOLO LO QUE AFIRMAS Y VUELVA SÓLIDA TU IDENTIDAD

A: Hola mi vida, por qué me descontrolé tanto ayer? Qué me pasa? Por qué mi mente me agobia, e insiste en filtrar pensamientos negativos a pesar de que entiendo lo que dices y siento tu amor? Si lo planeado no sale bien, empiezo a agitarme y me siento mal.

S: Porque te gana el deseo de querer controlarlo todo. Suéltalo, déjalo ser, haz tu tarea y no la de los demás. Sueña para ti, los demás sueñan lo suyo. Suelta la carga mami, porque sigues siendo voluntaria? Deja fluir las aguas, ten fe. Nada que no sirva llegará, solo lo que afirmas y vuelva sólida tu identidad.

A: Dame un consejo, una terapia. Qué hago en momento de duda y angustia? Rezo, pido, agradezco?

S: Mamita, eso fue ayer. Si se repite mejorarás, sino se repite, lo lograste. Aférrate a la fe recuerda que todo viene de Dios y no hay peligro solo bendición. Acéptalo todo, haz tus tareas, piensa en tus sueños con entusiasmo pasión y amor. El señor te dará los 100 millones si eso es lo que necesitas.

A: Saberlo así, es lo que necesito!

S: Pues así es! Necesitas contrato o la palabra y beldad de tu hijo eterno?

A: Solo eso, y fortaleza en los momentos de debilidad.

S: Entonces no nades, flota y el te llevará. Entiéndelo todo es dado, cree y libérate.

A: Tan fácil – pero tan difícil.

S: Con Dios, done! (hecho!).

A: Si, es obvio. I adore you my Sebi, your smile is engraved in my memory. Adorable! (Te adoro mi Sebi, tu sonrisa esta grabada en mi memoria, adorable)

S: Te dije, Soy!

A: Ok, pero te estoy hablando del que eras, mi niño hermoso!

S: El mismo mamita, solo crecí!

A: Si, muy rápido, me pasaste, ahora tu eres mayor que yo.

S: Soy ser de luz y luz es eternidad.

A: Ciao mi hermoso, te llevo en mi corazón

S: Dónde más quepo?

A: Jajaja, solo ahí!

EMBELLÉCETE CON UNA SONRISA DE ADENTRO HACIA AFUERA

A: Ayer la pasé muy bien, no hice nada especial. Será que estoy aprendiendo a gustarme todo y apreciar?

S: Solo con Dios puede ser divertido, sigue tu instinto y no el de nadie, haz tu deseo.

A: Quiero hablar contigo y no se que decirte. Aprovecharé el día con alegría!

S: Mamita eres mi vida y verte bien es alegría, dale con sabiduría que Dios te lleva de la mano.

A: Te quiero con el alma!

S: Y yo soy alma. Cómo te explicas eso?

A: No se, dime tú!

S: Amor propio. TU, el ser mas divino y prodigioso, bendecido y adorado por la máxima divinidad celestial, vida en vida, bendición en el alma.

A: No capto, el mensaje es inmenso.

S: AMOR, lo es todo, ahí nos vemos.

A: Celestial, thank you! Salgo ya a arreglarme el pelo.

S: Ponte bonita que con tanta entrevista! Sé bella por dentro y por fuera.

A: Cómo me embellezco?

S: Con una sonrisa de adentro hacia afuera.

LUNA LLENA
AYUDA LOS CULTIVOS Y ENRIQUECE LA TIERRA

A: Otro día bello, pero nada como esa luna tan espectacular de anoche.

S: La viste con afán y no apreciaste tanta belleza.

A: Si la vi, pero cuando salí otra vez ya no estaba tan gigante.

S: Grandiosa, creación divina. La luna es energía de la buena, ayuda los cultivos y enriquece la tierra.

A: Si, cómo? Qué es la luna? Bella si es!

S: Es un astro maravilloso, bombillo de luz; aclarecerá la noche, le da descanso al sol.

A: Poco se, pero la 'Súper Luna' maravillosa.

S: Debiste verla bien, es un espectáculo de la creación de Dios.

A: Si, se a que te refieres, iba de afán!

S: Ojalá veas la próxima, te dejará boquiabierta, si en realidad la ves!

A: Si, otra oportunidad.

S: No diaria. Adora la belleza de Dios, no pierdas oportunidad de apreciarla, es una obra de arte sin terminar.

A: Estaré con los ojos bien abiertos y con atención. Me regalas una frase hoy?

S: Nuevo amanecer; oportunidad de crecer mientras Dios te sigue dando obsequios cada minuto. Vida es oportunidad, la tuya maravillosa, vívela!

TU SABIDURÍA SERA PARA BENEFICIO DE MUCHOS E INSENSATEZ PARA OTROS

A: Sebi, mi vida; he visto ángeles, puedo ver dentro de mi cuerpo físico, creo que visité el paraíso de Dios, hago regresiones, se que me comunico con mi ser de luz, tú. Para mi, son dones. Puedo hacer algo con ellos para beneficio propio y de los demás?

S: Los dones son atributos dados a cada uno de los hijos de Dios. Los tuyos benditos basados en el amor, el que ya haz experimentado pero que no aceptas ser. Eres bendecida, talentosa, tu sabiduría será para beneficio de muchos, insensatez para otros. Tu vida es vivir las artes y experimentar el amor y no lo físico, la voluntad. Tus talentos son enriquecimiento para quien busca el pan de cada día. Ayudas a ver adentro pero debes salir. Ser y estar no es lo mismo. Ya estás, ahora sé!

A: Cómo mi Sebi? El libro? Lo publico? Que ignorancia, no se que hacer ni quien soy. Por qué hablamos?

S: Mami, se el ser que deseas. Quieres pasar el mensaje de amor? Pásalo! Todo lo que necesites se te dará. Escribe, vive, trabaja, estudia y serás; si es basado en el amor. Miles de dones a explorar y solo la libertad lo permitirá.

A: Y los ángeles? Conozco a Aurorita y Esperanza. Fui al paraíso y no quería regresar, hablo contigo, mi ser de luz. Podemos todos?

S: Muchísimo más pero el miedo y la falta de fe nos bloquean. Yo, tu bendición, te ayudaré a encontrarte, entrégate a la fe.

A: Sebi, tus respuestas son tan amplias. Soy especial?

S: Solo para Dios y el mundo; para mi TODO.

A: Mi niño inmenso, grandioso.

S: Mi niña hermosa, en busca del amor y eso es ella.

A: Lo encuentro en mi. Yo soy?

S: Quién más? Dónde mas? You are love! (Tú eres amor!).

NO DUDES Y ES TUYO

A: Mi Sebi, todo es un proceso. El apartamento no ha salido, piden más y más papeles, registros, etc. Lo he dado todo pero cada día es algo nuevo. Qué hago, esto me está agobiando.

S: Por qué? No es lo que quieres? Las cosas se aclaran en el camino y dan tiempo para pensar y recapacitar. La decisión es siempre tuya.

A: Mia? No Sebi, quiero y no lo obtengo.

S: No lo quieres tanto o dudas. No dudes y es tuyo.

A: Me regalas la frase de hoy, mi niño?

S: Sale del corazón y da frutos sale del interés y da interés. Quieres frutos o premios?

A: Sebi, otra frase mas clara y fácil.

S: Sembrar con amor es recoger con ilusión. Regar plantas es regalo de Dios; riega tu jardín y obtendrás los frutos mas prodigiosos y exquisitos.

A: Sebi, muy grande y además hoy estoy despistada.

S: Cuando no? Siembra, cultiva y recoge. Tierra maravillosa que te dio Dios.

A: Yes, thank you!

PIDES ROCAS Y TE DOY EDIFICIOS

A: Hoy tengo en mi mente tu sonrisa. Me encantaba, 'súper sweet'. Y que hubo de mi abracito? Jejeje!

S: Más? Te he dado miles, siéntelos!

A: Cómo?

S: Como un susurro cálido de amor en tus oídos. Como el sol sobre tu espalda, calientito como mis manos y amoroso como el Titán. Grandioso y cálido - poderoso, te sostiene, benévolo y puro, solo amor.

A: Jajaja, todo eso? Y yo solo pedí un abracito tuyo.

S: Pides rocas y te doy edificios, te pido que sientas y te niegas.

A: No, no me niego bobito, pero yo soy cuerpo también y tu eres solo espíritu.

S: Tu eres cuerpo y espíritu, que uno no impida el crecimiento del otro. Soy en ti, ámate y serás.

A: Sebi, voy mal? Qué no hago bien?

S: Sigues pidiendo pruebas y todo es amor. Se AMOR y no necesitas nada más!

A: Cómo soy solo Amor?

S: Ríndete, suelta todo temor, aférrate a la fe y ya!

A: Eso y puedo entonces trabajar, cuidar, rendir, etc. Me parece que son dos mundos totalmente diferentes. Lo son?

S: Vida es amor – amor es vida. Todo lo que hagas hoy hazlo con amor y me cuentas como te va.

A: Ok, y te escribo luego. Hoy día del amor, todo es maravilloso, lo es!

S: Se, vive y verás.

A: Ok love, hoy solo amor. (se lo diré a mis hermanas, buen ejercicio!)

S: Y mañana repiten, ya verán!

A: Bye mi niño. Me siento infantil contigo. Como si fuera tu hijita pequeña.

S: Hijita bella del Todocreador, preferida.

A: Se puede? Puedo ser?

S: Eres maravilla de Dios y llevas tu corona.

EL CRISTAL SE LIMPIA CON PUREZA DE ESPÍRITU Y AMOR

A: Sebi, ves mi ojo? Qué pasa? Me dices algo, me ayudas?

S: Los ojos bellos cristales de luz, lo ven todo y al corazón le llevan mensajes.

A: Qué pasa?

S: Esta empañado, tiene lodo.

A: Cómo lo limpio? No es cuestión física, lo sé.

S: El cristal se limpia con pureza de espíritu y amor. Alábalo, admíralo y ve que tu vida es en El.

A: Sebi, pero esta inflamado, cómo lo curo?

S: Es distracción o llamada de atención? Dios quiere que te alejes de algo o que te des cuenta de lo que haces. Si es con amor, hay paz, si es interés, hay zozobra.

A: No lo entiendo, ayúdame!

S: El señor quiere que sanes y vivas la libertad, tu ojito sanará y serás, que lo único importante es amor.

A: Qué tengo?

S: Mugre, lodo. Límpialo con amor y verás como sanará.

A: Yo sé, tengo mucha responsabilidad. Es mi compañera de trabajo mi responsabilidad? Siempre está corta de dinero, no se como ayudar.

S: No es tu responsabilidad, ella tiene que ser. Eres mayor y debes cuidar de ti. Le falta por vivir, razones habrán para estar juntas. Tú no la mantienes, no es tu misión. Crezcan juntas y prosperen. Cada una lo suyo, tu misión tu. Quítate la carga, te gusta llevar paquetes. Ponte a repartir amor y cada cual su carga; su paquete, sus responsabilidades. Tu no el burrito que carga toda la casa con familia, vecinos y todo. No eres centro de ayuda, tienes que trabajar en ti. Tu crecimiento se estanca cuando cargas a otros. Tú, tu responsabilidad, el amor contigo.

A: Y si tiene hambre?

S: Ella lo hizo así, se organizará o enfermará.

A: Danos energía de la buena.

S: Mamita, vas por donde no es. Tú, tu vida, ella la suya. Llénate de amor, nada te pasará.

A: Ok, y mi ojito? Cómo lo sano?

S: Te molesta. Sonríe, es solo un recordatorio. Eres sana, formidable – necia pero admirable.

A: Me hiciste sonreír. Gracias por lo de admirable.

S: Mamita, amas a tus hijos, crees en Dios, sientes y amas como una madre debe. Admiro tu fortaleza ahora admírala tú! Eres mujer de bien, te quiero ver libre, viviendo en el amor. Entrégate a Dios, suelta la carga, ya pesa. Alivia tu caminar, solo vive, ríe y ama. Puede ser mas fácil si solo eres, entonces repite: *"Señor, te entrego la carga que llevo sobre mis hombros, si es pena y angustia disuélvela; si es de compromisos, que se conviertan en pasiones y logros. Alivia el peso porque vine a vivir y no he de cargar nada sobre mis hombros para así poder galopar y volar, Amen."*

A: Gracias mi niño, sana mi ojito.

S: Lávalo con las aguas del manantial sano puro y benigno.

SU PODERÍO ES PARA SI
SU BELLEZA SOLO PARA EL QUE LA PUEDA VER

A: Hola, día nuevo y sigo preocupada por mi ojo. Sigue hinchado, me duele.

S: Mamita, buen día. Lluvia, bello despertar. Tu ojito sanará, lo debes de cuidar, son los retratos del interior. Sanos y benignos, ven mas allá. Hablan del espíritu y el anhelo de mejorar.

A: Estoy anhelando mejorar. Por qué sigue así? Cuál es la lección?

S: Rendición, suéltalo todo, no tienes que aparentar. Tu poder en la mente, tu deseo de ser.

A: Le presto atención a mi ojo?

S: Cuando el cuerpo habla, escucha. Qué te dice?

A: No se, stress, smoke, medio ambiente o mi 'yo' interior?

S: Qué tal todo lo anterior? Quieres ser y no eres quieres dejar y no dejas. Vas contra la corriente.

A: No se que hacer.

S: Dichosa que puedes elegir tu porvenir. Se y no te preocupes de nada.

A: No me veo bien. Quiero estar bien física y espiritualmente, feliz, bonita.

S: Mamita, todo eso eres, velo! No hay peor ciego que el que no quiere ver. Escucha a tu ojito, te hará ver que la luz es la eternidad y el silencio la verdad. Ve tu alma, sonríe tu ojito es melodía y te dará sabiduría. Te habla, mucha presión? Puedes descargar tu carga y solo ser? Te buscas bultos y te pesan sobre la espalda, pero sigues. No eres animal de carga eres ave de libertad.

A: Ayer le rogué a Dios que me ayudara porque no se que hacer. Renuncio a todo y me entrego a la fe?

S: Puedes, quieres?

A: Puedo? Dejo trabajo, responsabilidades, etc.?

S: Es lo que quieres, soltar la carga?

A: Suelto la carga y me va mejor? Nope, I don't get it. (no, no lo entiendo!)

S: Sin importar nada, ni el que dirán.

A: Cómo?

S: Siendo y no actuando.

A: Mi Sebi bello, no te entiendo. Me regalas una frase?

S: Soy lápiz y papel, escribo mi vivir. Ya verás lo que escribes si en realidad es vivir lo que quieres.

A: El ave que posaba ayer sobre mi carro, eras tú? Mensaje para mi? Así lo sentí.

S: Bella ave, disfrutaba la brisa mientras pensaba donde volar. Allí paradita, sin prisa ni demora, disponible para quien la quiera ver, imponente sin necesidad de querer ser vista. Su poderío es para si, su belleza para el que la pueda ver.

A: Hermosísimo, gracias!

S: Una maravilla más. Te dije... cada minuto Dios está dando regalos a sus hijos.

SI EL ALMA PENA EL CUERPO LO LAMENTA

A: Hola mi niño, otro día bello y ahora en casa con dos niñas.

S: Si, te veo pensando en su comidita como una buena mamita.

A: He estado estresada con todo y por todo, nada serio, solo como tomo las cosas. Eso me afecto los ojos verdad?

S: Mamita, la falta de fe te afecta todo. Si el alma pena el cuerpo lo lamenta. Nútrelo, ámalo y dale solo amor.

A: Si, no ha mejorado, qué hago?

S: Lávalo, relájalo y que vea todo con valor y claridad, todo es bienestar.

A: Ok, mi corazón, una frase para mi ojo, please?

S: "Mi vida es bella y así la veo. Mis ojos regalo del cielo, emanan paz, serenidad y sabiduría. Todo lo soy porque vivo en Dios, protección divina, motivo para ser. Mi ojo sana con la luz del día, desvanece nubes de desasosiego y se hace cristalino. Yo en la fe, la fe en mí."

APASIÓNATE POR VIVIR
QUE TODOS CONTIGO Y YO EN TI

A: Mi niño bello me ves? Estás en casa conmigo?
S: Necia, necia, en tu corazón. Me ves cuando amas y cuando eres.
A: Puedo ser por un rato y luego dejar de ser? No lo planeo así.
S: Es mejor ser y no dejar de serlo. Mantén tu fe siempre porque así eres hasta la eternidad,
A: Cómo voy con las niñas?
S: Pequeñas criaturas creen en ti, enséñales amor y las verás florecer, disfruta su compañía ellas son crías de Dios las ama y bendice, por eso te las envió.
A: Otro regalo de Dios?
S: Siempre dándote amor y sabiduría.
A: Qué es sabiduría?
S: Esta viene de Dios, el saber es conocer la verdad. La única verdad que es el amor. Debes sentirlo en su totalidad. Es el conocimiento absoluto de la vida, la única realidad. La obtienes por medio de la fe y te da la verdadera paz.
A: Hermoso mi niño, acompáñame más hoy.
S: Hoy más? It is up to you (depende de ti). Te entregas al amor y ahí estoy yo.
A: Ok, te amo, bella flor (y no en lodo como yo).

S: Soy su aroma, huélela; soy su color, obsérvala; soy su esencia, siéntela, soy de Dios, recíbelo, soy amor, estoy en el corazón de mamita bella y adorada. Te amo hermoso ser por el cual obtuve vida, vínculo puro, el mejor regalo de Dios, Tú!

A: Yo? No, tú mi mejor regalo!

S: Por ti soy, por él vivo. Me sembró en tu vientre y crecí tanto que subí al cielo y desde la eternidad te velo porque mi semilla sigue en ti germinando con el favor de Dios. Eres vida, se amor. Apasiónate por vivir que todos contigo y yo en ti. Protección divina, bendición de Dios.

A: Mi Sebi, absorbo todas las palabras y su significado y me acompañarán. Amor en todo lo que haga, eso eres tú!

S: Y tú, si eso es lo que eliges.

A: Elijo el amor!

FLUYE CON LAS AGUAS DEL MANANTIAL VERÁS QUE NO EXISTE PENA NI DOLOR

A: Good morning bello ser de luz! Te describí bien?

S: Eso soy.

A: Te amo mi niño hermoso, te extraño.

S: Mamita, el vacío existe porque mi cuerpo no, pero lleno el corazón con amor. Te acostumbrarás a sentirme y no verme y reinará la paz.

A: Es posible eso Sebi? Llenar este vacío tan grande?

S: Solo lo relleno con mejores cosas, sabiduría, amor y lealtad al señor.

A: Todo lo tuyo es bello y es espiritual, pero yo soy cuerpo, material. Dios me dio un cuerpo, vivo en una sociedad, bienes materiales se anhelan. Imposible ser solo espiritualidad. O si?

S: Es mas fácil que tu interpretación. El hombre es cuerpo y espíritu, vínculo terrenal, uno cuida del otro y los dos sobreviven. El alma es la unión sagrada donde emanan los sentimientos y emociones, estos fluyen con tu vida mientras vives con alegría. El espíritu es benévolo, viene de Dios, te guía, te ayuda a ser porque ya sabes que solo siendo se es en el reino de Dios. Lo material es decoración, tu decides como pintas tus senderos, todo es dado, perfecta combinación. Para el cuerpo su sabiduría, para el espíritu Dios. Eres uno y también lo soy yo, engendrado en tu alma con el deseo de solo amor.

A: Todo lo que tú me hablas es bellísimo pero yo no me siento así. Tú tampoco lo entendías, decías no entender para que vivir. Te fuiste, moriste y ahora si lo ves. Yo estoy aquí.
S: Así fue y así no es. Fui vida y mi misión sagrada. El destino de Dios no está en juicio, todo lo que de el viene es perfecto, solo aceptar. Tu misión ir con la corriente y dejarte llevar, la fe te da lo que has de necesitar. Yo fui y no entendí, tú eres y debes aprender. Soy y estoy en tu misión, soy Amor. Te bendijo mi existencia y mi no existencia la resurrección.
A: Obtendré la sabiduría? Lograré la paz?
S: Sí, esmérate, fluye con las aguas del manantial y verás que no existe pena ni dolor.
A: No tengo ni idea como pero me dejaré llevar. Siempre contigo, lo tengo que saber, sentir.
S: Saber es suficiente, no es un sentido - es una verdad!
A: Contigo mi Titán, podré. No te pido ayuda, tu simplemente lo harás. Es posible que me ames tanto?
S: Mamita, di la vida por ti!
A: No! Cómo así?
S: Tu salvación soy yo. Soy, vivo en ti. Lo soy todo, cuerpo y espíritu.

A: Otra vez me confundes...mi salvación?

S: El amor prevalece, aprendes tu lección, completas tu misión y vuelves al señor, aceptas su voluntad; es sabia, perfecta para tu bienestar. Serás y verás lo bello que es el reino de Dios.

A: He de releer este escrito, se que lleva un mensaje sublime.

S: Como lo es Dios.

A: Ciao mi vida, gracias de corazón.

S: Corazón soy yo.

A: ?

S: Agradeces con mi vida.

A: Ay Sebi, sigo confundida.

S: Fine! Te amo ovejita bella, mejora ya!

DICIEMBRE 18
FELIZ CUMPLEAÑOS, MI NIÑO HERMOSO!

A: Good morning and happy birthday, para el hijo mas maravilloso del mundo. Te amo con toda mi alma y desearía dártelo todo pero ya todo lo tienes. Hoy no habrá comida en tu restaurante favorito, ni regalos ni birthday cake (pastel de cumpleaños). Cómo celebro hoy tus 23? No tengo nada para darte e imagino, nada necesitas.

S: Gracias mamita por celebrar cada cumple y hacerlo fenomenal. Disfruté cada regalo y cada invitación a cenar, cada aniversario lo celebré con amor y felicidad. Ahora soy eso, que me puedes dar? Tu alegría y razón de ser. Celebra mi renacer, estoy, soy y vivo en el señor. Soy libertad y nada que desear, solo ver a mi mamita sonreír por mi libertad.

A: Qué hago? Hoy estaríamos celebrando en grande, y ahora?

S: Ahora alegra tu día que ahora soy yo quien te da regalos. Tómalos y llévalos contigo que esos te acompañan hasta la eternidad.

A: Quiero darte algo, dime que!

S: Tu sonrisa a flor de piel, tu mirada en el atardecer y apreciar el sol caer. Soy vida, te regalo alegría, eres vida, me regalas dicha de saberte bien creciendo en la fe.

A: Happy 23, te amo. Una tarjeta para el niño mas hermoso del mundo, firma...mom!

S: Gracias mamita, celebramos muchos y todos con amor. Fui dichoso en tus brazos ahora soy vida eterna en los brazos del señor. Estoy bien, te amo. Los dos en Dios y el en nosotros, UNO. Todos cumplimos hoy. Suerte en tu entrevista.

A: Suerte?

S: Claro, todo con la bendición primero.

A: Thank you love.

S: No nací hoy, pero mi vida a través tuyo.

A: ?

CELOS? ACASO NO SABES QUIEN ERES?

A: Mi niño, acompáñame, recuérdame que estás conmigo siempre.

S: Solo vive, ríe y ama que yo soy ese amor.

A: No tengo paz, inquieta. Celos de esas chicas en mini-bikinis que todos miran.

S: En serio mamita? Acaso no sabes quien eres? Tú no sabes quien eres, vales miles, que lo sepas tú y no es más.

A: Te dije que en este mundo lo físico vale mucho.

S: En serio? Cuánto vale? Unos minutos o una eternidad? Elige lo que deseas, todo es lo que tiene que ser. Tú crecerás mama, reinarás y alumbrarás senderos. Libérate de angustia, celos, conjeturas, no te van bien. Tú eres amor y este reinará.

A: Yo ni se que siento, incomodidad? Celos?

S: Qué? No ser la mas grande y atractiva? Qué tal si eres la que mas brilla y la que sabe ser pura para su propio bien y felicidad?

A: Lo físico tiene peso en la tierra.

S: Y lo tendrá, hasta que te des cuenta de que tu eres mi mamita, el ser más bello sobre la tierra con una luz poderosa que atrae estrellas y la belleza humana-lo que se adhiere a esa luz vale- el resto es en vano.

A: Si mi niño, valgo, gracias por recordarme lo especial que soy, brillo, soy y contigo. Gracias!

S: Ten un lindo día, haz brillar tu aura, es una bendición divina- sana, el espíritu prevalece.

A: Uyy si, dudas, celos, miedos. Yakkkk, que feo!

S: Realidades que se pueden fácilmente enjuagar, limpieza de espíritu los desvanece y te permiten brillar. Mami, brilla eres Oro!

A: Contigo todo, ya... hoy contigo, gracias mi niño hermoso.

S: Hoy vale, brilla como el sol y que se pongan gafas!

BUSCA TU LAS VARAS EN EL INMENSO MAR. VUELA, REPOSA Y VUELVE A VOLAR

A: Hi mi hermoso niño, gracias por el apartamento, al fin se nos dio!

S: Mamita si es lo que querías, se feliz, tu sueño realizado ahora gozado. Llénate de ilusión y no temas, todo se te dará.

A: Estoy contenta aunque siento que me echo mas responsabilidades encima.

S: Dios te dio vida y el derecho a resurrección, tienes libre albedrío, todo lo puedes escoger. Quieres dicha-la tendrás; dudas –te derribarás. Se ave de paso ligero, deja de cargar, entrega todo a Dios y vete a volar. No sufras por lo que no Es, vive.

A: Todo no depende de mi?

S: Algunos vuelan y ponen el peso en ti, los salvas y descansan. Eres la vara en el inmenso mar donde reposan para continuar el vuelo. Tú, vara- lo ves todo, el amanecer y el anochecer pero no te conviertes en águila por no quitarles el descanso. Vuelas o eres vara? Qué quieres? Busca tú las varas en el inmenso mar, vuela, reposa y vuelve a volar.

A: Vi la foto en mi mente de lo que me dices. La imagen de un palo en medio del mar donde las aves reposan para emprender nuevamente su vuelo. Cómo suelto la angustia? Soy vara?

S: Mamita, haz de tener fe, creer en el poder de Dios y en lo que tanto te repito "nunca te faltará". Cree en esas palabras y sal a volar. No mas vara del crepúsculo, se ave que sabe volar.

A: Qué dices de mi apartamento?

S: Cool! Llénalo de risas y bienestar.

A: Y con las niñas ya me estoy cansando, tremenda responsabilidad. No- corrijo, gracias a Dios, por algo El me las envió. Son lindas pero gran responsabilidad. Gracias, aprendí a no hacerlo otra vez, Jajajaja!

S: Más peso? Haz tu voluntad, bellas y son de sus mamás; enséñales, igual volverán. Aprendiste, ya lo harás mejor.

A: Hoy nos entregan el apartamento. Me regalas una frase, fue un regalo tuyo.

S: Entonces a gozar. Lo querías, lo tienes. Buenos cimientos, ponlos a trabajar. Se justa, sigue tu sueño, ríe gózalo y vivirás mejor. Suerte, allí estaré!

A: Lo sé, te adoro mi niño!

VUELA QUE ESO ES VIDA Y ES LIBERTAD.
ERES LIBRE! LO SABES?

A: Hola mi corazón, Feliz 2018! Aquí celebrando con resoluciones y actividades que nos inventamos para no aburrirnos. Sueno amargada, cierto?

S: Otro año u otro momento; lo que cuenta es cada amanecer.

A: Te extrañé mucho ayer. Caminamos con la maletas por el vecindario y te recordamos.

S: Si, quería viajar y creí en ese agüero. Caminaba con fe pensando donde me gustaría viajar.

A: Y yo mas bien en 'como' voy a hacer para viajar.

S: Con el deseo, empeño, alegría, ponle gana y se te dará!

A: Estoy sensible, Gloria está aquí y creo que no está contenta. No se que pensar.

S: Pensar? Ya construiste los rieles del ferrocarril, sabrá si los usará. Das ideas y quieres regalar sueños y son regalos que te devuelven sin destapar.

A: Debo hacer algo?

S: Tu? Ya hiciste, observa tu sueño crecer, vive sin angustia, se te dará.

A: No recibo apoyo en mi trabajo, no se ve nada de lo que hago. Por qué me afecta tanto? Yo no malgasto.

S: Sos vara, que más esperas? Eres reposo, base, trata de volar y te atajará. Eres águila mamita, ponte a volar!

A: Cómo? Qué hago?

S: Encima de que eres vara, la quieres pulir para que el aterrizaje de otros sea más suave y puedan sobrevivir.

A: Qué hago, cómo cambio? Cuál es la solución? Me guías. Estoy harta de ser vara, no ser apreciada.

S: Liberación de tu alma. Recuerda a tu mama, sabe que estás protegida y te dejó en las manos del señor. Ni se preocupa, confía.

Tuve un sueño con mi madre y en el yo le pedía consuelo por la pérdida de mi hijo. Ella solo sonrió y se fue alejando de mi. Le exigi que se devolviera y que no se olvidara de que ella era mi mamá y con ella la responsabilidad de cuidar de mi. No hizo caso, siguió su camino pero me hizo saber que yo tenía protección divina y se fue. Ella sabia que yo estaba en las manos de Dios.

A: Eres sabio, yo tonta y necia, pero si me ayudas puedo cambiar y obtener la paz que tanto deseo. Tranquilidad, no zozobra. Ayúdame, una frase, palabras sencillas para que yo entienda.

S: Cuando te criaste Dios te hizo libre, elegiste tu destino y vida. Elegiste un hogar e hijos y se te dio. Eliges, puedes ser lo que deseas. Tus obstáculos son solo piedras fáciles de deshacer. Vive sin temor porque Dios vive en ti. No temas a estar sola, te encontrarás, vive, se y no dudes nunca porque sobrevivirás obstáculos y reinarás. Eres bendita y puedes ser. Atrévete a verte sola y no hay porque temer. Tienes vida y esperanza y conmigo estás. No hay camino no hecho ya para ti. Entrégate, libérate como tu mamá!

A: Sebi ella murió yo estoy viva.

S: Uy, espero mucho, tu puedes ya!

A: Sebi, como puedo hacer como mi mami y que no me importe nada ni me duela. Quiero lo que hizo mi mami cuando le exigí que me ayudará y simplemente no le importó. Quiero eso, lo quiero!

S: Fe, te sabe rodeada de amor y eso es todo. Tu lo estás, ángeles, arcángeles te acompañan, Dios y yo. Importa la mirada, el genio cuando el cielo está a tus pies?

A: No, no debería pero aún no he aprendido.

S: Aprenderás, practica cada día mas Tú y menos los demás. Flota, saca la cabeza, el cuerpo, las piernas y extiende tus alas, vuela que ese es tu destino, aire vuelo y libertad.

A: Puedo eso aún con las responsabilidades, obligaciones, etc.?

S: Debes! Unas son las vías del ferrocarril, las otras son regalos de Dios, los devuelves sin destapar? Paz y libertad se te darán, solo confía!

A: Y cuando una situación como la de ayer en el parque cuando las palabras de tu papá me bajaron el ánimo?

S: No te importará! No eres vara ya no se puede parar. Vuela que eso es vida y es libertad. Eres libre, lo sabes?

A: Si tu me lo dices, tiene que ser! Tú conmigo Sebi, te necesito más que toda mi vida. Te extraño, quiero paz, ayúdame a obtenerla.

S: Claro, obvio, listo, YA! Estas lista? Salimos ya! Respira, sácalo que tus pulmones llenos de aire impiden flotar, suelta el aire, el viento es tu motor, tus alas el horizonte, tu corazón mi lugar. Se libre, quiero volar, te daré un empujoncito cada momento que vas para atrás. Somos, nos vemos sobre el mar. Libera tu espíritu y solo volarás. Siempre UNO en el amor, el único lugar. Te amo Diosa del mar!

TU HOY DEPENDE DE TI
TU FUTURO DE LO QUE SEMBRASTE

A: Me senté a hablar contigo y no se que decir. Solo que tus palabras son aliento y dan razón a mi vida. Parte de vivir es morir ... lo acepto pero te extraño aunque se que eres paz y todo esta re-bien contigo. Eres Todo, yo que soy?

S: Ser del universo, creación divina, ser de bondad y voluntad propia, con misión de salvación propia y de algunos; empañada con el diario vivir preocupada por el centavo y no el millón. Alma en búsqueda de lo que ya tiene; le falta fe y recolección. Vive con dolor y el dolor enseña a que la fe es la salvación y la vida para vivirla.

A: Yo no se nada. No se si mi trabajo, obligaciones, lo material me ayudan a estar bien, o mas bien, me detienen. Quiero que todo salga bien con el trabajo, responsabilidades y...

S: Y? Paz y libertad, no yugos ni extra responsabilidad. Quieres ser y te da miedo, crecer y te estancas. Quieres poseer lo que es tuyo aunque solo tienes que ver.

A: Soy desagradecida, verdad? No veo?

S: No ves y no reconoces los regalos de Dios, son todos lo que te entregan cada amanecer. Vida maravillosa, anhelo de vivir para hacer tus sueños felicidad.

A: Depende de mi, mi futuro?

S: Tu hoy depende de ti, tu futuro lo que sembraste. Empezaste a cosechar? Haz lo que la virtud da buenos frutos y te da libertad.

A: Cómo y que siembro?

S: Sueños, momentos de felicidad. Cultiva el amor en ti, siémbralo y recógelo. Amate, alábate sete una Diosa, eres amor y esa es la semilla a cultivar.

A: Grandísimo y hermoso.

S: Tu lo eres, gigante como el universo, poderosa como un volcán; fuego, lava, recuperación, belleza natural.

A: Ey, you think highly of me! (Piensas en grande de mi)

S: Eres mi mamita y yo luz. Cómo no voy a estar orgulloso?

A: De mi? Soy necia, tonta y no veo!

S: No eres ninguno, solo ser de amor; lo otro, nombres que damos cuando no vemos bien. Abre los ojos y veras que no existen, el amor lo es todo y eso eres tú!

A: Ya sabes porque me gusta hablar contigo, le subes el autoestima a cualquiera!

S: Al que tiene amor en su corazón, y el que no; le riego la semilla.

A: Got you, good day. Te amo

S: Lovely beginnings for the soul. Go with God, he won't stay home. Tag along, is a beautiful ride! (Amoroso principios para el alma. Ve con Dios, el no se quedará en casa. Únete, es un hermoso paseo).

FUI TUYO – AHORA EN TI FORTIFICÁNDOTE PARA QUE PRONTO VUELES Y SEPAS LO QUE ES LIBERTAD

A: Mi niño hermoso, otra vez contigo, contenta de que terminé el trabajo con las dos niñas. Y las entregué sanas y contentas a sus mamitas. El trabajo fue mucho y no tan productivo. Les tuve cariño pero mucha entrega y responsabilidad.

S: Se fueron con sus mamás y lo hiciste bien, te felicito. Diste mucho y poco esperabas, violaste acuerdos y te dejaste llevar; no fuiste clara ni contigo misma, ya aprenderás.

A: Me puse mucha carga, demasiada, estoy re-agotada!

S: Como siempre, queriéndote mostrarte fuerte cuando quieres ser suave y protegida. Baja las armas que la verraquera no es matarse sino amarse y dejarse llevar. Dices ser 'super-woman' y quieres hasta volar; pero puedes, teniendo ladrillos atados a tus pies?

A: Cómo hago para no meterme en algo que me consume y absorbe mi energía?

S: Busca el placer, no el dinero, te irá mejor.

A: Sebi, vuelvo otra vez a trabajar en el colegio unas horas. Es ingreso fijo y me ayuda a sustentar el hogar. No puedo darle toda la responsabilidad a Dad.

S: Entonces hazlo con dignidad, conduce con alegría, enseña con pasión, disfruta, come bien, sonríe en tu oficina siempre con alegría, sin preocupación.

A: Que mal! Me estresé mucho con tanta gente en mi casa, no lo puedo evitar.

S: Aprende, vuela a sus nidos, el tuyo ya quedó vacío, visita a tus amigos, déjate invitar.

A: No quería tanta gente en mi casa y aún así, así fue!

S: Entonces tú te vas. No estás disponible: "Do not disturb."

A: Sebi, That's rude! (eso es grosero!).

S: Está bien, entonces acepta todo pero sin queja ni lamento. Das la bienvenida y aprovechan tu bondad. No eres clara ni contigo misma, date paz y solidaridad!

A: Bueno, las niñas bien, aprendieron y llevan un buen recuerdo. Yo finalmente respire, me quité un gran peso sobre mis hombros, me siento bien.

S: Llegó la calma, mantenla. Goza, vive, ríe, pinta mi apartamento que ese azul a mi tampoco me va. Lo harás bonito, eres genial para decorar; goza y velo como un lugar de bienestar donde solo hay paz y cero responsabilidad. Vive mamita que eres buena mujer. Crece con el universo que Dios te ha de proteger. Confía en mi partida, sin duda bendecida, fui tuyo –ahora en ti, fortificándote para que pronto vueles y sepas lo que es libertad.

A: Puedo? De momento? Un acontecimiento?

S: Un despertar obvio y sereno como no lo es el mar. Verás el infinito y la verdad. Prepárate para ver la tonalidad del sol, el poder de los vientos y el verdadero Dios, tu padre te acogerá en sus manos y lo sabrás, liberará tu espíritu, serás! Espera tu resurrección, llegará. Goza, vive y ríe que el verdadero júbilo está por llegar.

A: Wow! Espero, confió y solo esperar. Thank you, puedo ser! Ni pregunto como, solo confío en tus palabras. Gracias, soy bendecida?

S: Eres especial, sigue los presagios del señor.

A: All said! (todo está dicho!) Te amo con todo mi corazón.

S: Lo se pero el mío es el tuyo.

A: Por qué, pero?

S: Uno solo, bendito, sublime pero incompleto hasta el 'surrender.'

A: Surrender?

S: Jejeje, entenderás, sigue tu vivir y me verás.

DALE SU BOCADO PARA SU SOBREVIVENCIA
DALE LUZ PARA SU VIDA

A: Mi niño hermoso, todo bien hoy? Estoy nerviosa, triste, ni se!

S: Ves, oyes, hueles, sientes, vives, eres? Te sientes sola? Qué pasa mamita?

A: No se ni paz tengo. Nick no aparece, no me gusta que no me diga nada, me preocupa.

S: Preocupa? Por qué? Todo es lo que debe de ser, el está bien, se enfiestó y durmió, no le interesa decírtelo, es su reto de libertad. Déjalo ser, no lo mimes más, el te ama pero ni eso quiere aceptar. Prefiere hacerse el duro pero es mas débil que yo. Es inteligente, sabio en algunas cosas y engreído y todo lo que tiene es merecido.

A: No me preocupo? No más esa palabra!

S: Viste el día tan hermoso y buscaste porque preocuparte. Sal, ve al parque, ve a mi apartamento, acaba de decorar que va bien. Disfruta, vive, todo se te dará.

A: Gracias mi niño, ya me voy. Miraré el cielo y lo apreciaré.

S: Que regalazos los que Dios te da.

A: Ayuda a Nick, necesita un trabajo y ser independiente.

N: Necesita ser y mejor lejos de ti. Eres su excusa antes lo fui yo. Se apoya fuerte y tu apenas puedes contigo. Dáselo al señor, el es el mejor profesor. Le dará sus lecciones amorosas y fáciles de entender. Es su pastor, tu no! Vara para el y tú queriendo volar.

A: No, quisiera ayudarlo y el no es peso.

S: Que no?! Te irrita verlo desperdiciar talentos. Tu primogénito, el mas fuerte y provechoso, no tiene gana ni aliento.

A: Si, me molesta, quiero que sea feliz.

S: Entonces déjalo serlo, suelta las riendas no se desboca.

A: Es inteligente, capaz y puede estar muy bien.

S: Si pero cuando el quiera y no antes.

A: Tu consejo para mi con relación a Nick?

Déjalo: "Señor, te entrego mi primogénito, guíalo, protégelo y llénalo de amor, solo así volverá a mis brazos maternos y se llenará de felicidad. Dale su bocado para su supervivencia y dale luz para su vida. Es bello, digno y necesita mucho de ti. Acógelo, es un ciervito herido. Llénalo de bendiciones para que viva en complete armonía. Ilumina su sendero para que nunca se pierda, llena su corazón de alegría y que así obtenga sabiduría. Guía sus pasos tambaleantes y hazlo hombre de bien. Alimenta su espíritu y que aprenda a sonreír. Es mi primogénito, mi criatura hecha hombre. Gracias por su misión honrada. Amalo que te alabará y servirá conmigo. Eres amor y das vida, el está en busca tuya. Señálale el camino, el es hombre de bien. Bendícelo señor, Amén!

LA OSCURIDAD TAMBIÉN ES GRATA CUANDO ESTÁS EN COMPAÑÍA DE DIOS

A: Mi Sebi, tu me ves? Ves mis errores? Me criticas?

S: No te critico, te amo, eres mi estrellita y me gusta verte brillar con tus dientes blancos como los míos cuando sonreía al natural.

A: Sebi, quien soy? Soy tu madre?

S: Eres mi luz en la oscuridad, tu ser de amor espiritual, diamante en lodo que quiere bañar para que vea que ese brillo no se puede opacar.

A: Yo, tu luz en la oscuridad? Tú eres luz!

S: La oscuridad también es grata cuando estás en compañía de Dios. Eres mi luz apagada, con deseo de ser relámpago.

A: Sebi, nos está yendo bien en la oficina, tenemos 10 estudiantes!

S: Te lo dije, se te dará, es tu sueño se hará realidad.

A: Gracias! Aún sigo buscando tranquilidad económica (vergüenza) llegará?

S: Esta aquí, no la ves? Eres libre no tienes que poseer. Serás, no necesitarás y para lograrlo todo se te dará.

A: Gracias por ayudarme, siempre estás. Gracias por el apartamento, Gloria en el, mi trabajo con los estudiantes, salud, y porque he mejorado un poquito?

S: Bendiciones terrenales...busca las espirituales, el amor, placer y satisfacción por cada amanecer. Vida en la tierra, naturaleza, amor. Todo es maravilloso, el sol la luna, no el carro y el súper hotel.

A: Pero es rico tener buen carro e ir a un súper hotel!

S: Entonces tenlo y aprovecha cada amanecer, vive la paz y la armonía, lo material no es esencial.

A: Si, lo has dicho pero como he de vivir sin dinero?

S: A ti se te dará, busca tu ser que ese es el que te da la paz que tanto buscas y la mas grande felicidad.

A: Sigo haciendo todo lo mío, verdad?

S: Es con amor y dicha o es duelo?

A: Las dos cosas, 'mi negocio' ya es hora!

S: Ya es hora? De tu despertar! Tu vida un canto de amor y felicidad. Vive cada día con dicha y dignidad, cada sol es un privilegio de calor y vida.

A: Y tú en mi vida?

S: El hijo de tus entrañas ahora la luz en tu existir, la bendición de ser madre, la realidad de que no estoy pero soy tu vida y la mayor conexión al amor. Me amas, te amo, somos uno y no hay espacio para más.

A: Regálame otra frase bien linda para hoy. Para la oficina.

S: Sonrisa pura, pulmones llenos de amor, vive la vida en armonía que todo es dado. No hay angustia ni penas esa la disuelve el señor, solo vida y alegría en este, el reino de Dios.

A: Gracias mi vida. Pero cuando siento, rabia, celos, etc. que hago?

S: Sentimientos no dignos de ti, deshazlos en oración y disuélvelos en el viento, no te pertenecen, no existen. Cómo extrañas riquezas si las tienes todas? Arrójalos al viento ellos se van.

A: Gracias mi Sebi bello, aquí encima de la computadora esta 'Goyi'.

S: Cute guy, te acompaña siempre. Tierno, ama tu compañía.

A: Me lo enviaste, que tiene que ver contigo?

S: Cuteness, that is all! (su ternura, eso es todo!).

A: No, tu lo hiciste llegar a mi. Tu sabías que no me gustan los gatos.

S: Yo sé? Tu sabes? Si lo adoras!

A: Porque tú me lo enviaste!

S: Le busqué camino y te encontró. Te acompaña y 'es', siendo te da alegría.

A: Gracias, bye love.

S: Bye mamita, otro bello amaneSER, aprovéchalo para SER!

VIVIR SIENDO Y MORIR CANTANDO PORQUE VOLVISTE AL SEÑOR

A: Otro día tan bello! Mi angelito, estás aquí, en el patio conmigo?

S: Contigo siempre, tomando tu mano como la brisa tenue que te da frío mientras el sol no deja enfriar.

A: De un abrazo a una brisa tenue, me he de acostumbrar al cambio.

S: Tienes los dos, el recuerdo engendrado en tu corazón y el aire, brisa en tus pulmones.

A: Siempre me das palabras dulces, sentimientos puros y yo añorando aún tu cuerpo, tu presencia, mi niño.

S: La costumbre era esa, ahora mi ausencia física lo será. Estoy contigo más que antes y siempre estaré.

A: Te amo muchísimo y extraño tu sonrisa, tus manos cálidas y tu música. Cantabas bellísimo, te extraño!

S: Mamita, así es la vida, vivir y morir, solo sabemos que vivir es estar vivo cuando es ser sin pensar en poseer, solo apreciar el bello universo, la creación divina, el perfecto amanecer. Vive con alegría, aún tienes vida y pronto se va. El día pasa, la noche llega y de pronto la oscuridad. Hoy es vida, mañana alternativa. Tu sabiduría, vivir siendo y morir cantando porque volviste al señor.

A: A veces se me hace que nada de lo que vivimos tiene sentido, el trabajo, estudio, la casa, las responsabilidades, pero debo hacerlo para sobrevivir.

S: Debes ser y vivir, lo demás es posesión. Ama lo que haces, disfruta tu misión, te llenaste de retos y haz de responder. Llénate de flores alimenta tu visión, tu vida es alegría, todo se te da. Vive, ríe, goza y sigue tus sueños. Se te dio vida y libertad vive regio que es lo fundamental. Amate, sonríe y verás que bien te va!

A: Ayer en Facebook, hoy en tv, que piensas?

S: Fenomenal, ponte bonita que te vas a ver. Sonríe, sé, habla que hasta eso se te dio, fluidez verbal para encantar. Levanta tu pecho como el ave que sabe que sabe volar: erguida, segura, sin necesidad de aparentar.

A: Gracias mi vida, salgo a desayunar. Toma mi mano, no me dejes!

S: De tu mano y en ti. Somos uno hasta la eternidad. Hoy con Dios, allí estamos y aquí vivimos ♥.

GRATITUD

A: Es gratitud la clave de la felicidad?

S: Es apreciar la divinidad del universo y cada uno de sus creaciones sabiéndose parte de ella. Llena el alma y el espíritu, cada pincelada en el cielo es un regalo de Dios. La tierra es bella, perfecta; un sueño que soñamos a diario y lo tenemos como rutina. La obra de arte eterna sin valor igual. Hermosa, fabulosa y para todos.

A: Estoy súper ocupada trabajando, se me esta dando, los pupitres se están llenando, entra el dinero. Me alegra, me confunde, me agota, agradezco, me encanto y desencanto. Que complique mi mente!

S: Mamita, mamita, que dicha poder soñar, crear una fantasía y hacerla realidad. Puedes hacerlo bello con solo amar. Llena tu vida de alegría que esa atrae multitudes. No te estreses, crece y deja fluir, eres imán y finalmente los obstáculos se van. Soñaste? Vívelo, disfrútalo que eso querías. Las responsabilidades son estímulos, el trabajo distracción. Seguirás atrayendo si sigues soñando. No dudes ni le des pa'tras, ríe, se y entrega amor a todo el que a tu salón entre a aprender.

A: Pero y estoy progresando espiritualmente? Soy mejor? Cómo me ves?

S: Como niña chiquita con un rompecabezas por hacer; quiere, pero prefiere ir a correr.

A: Ah? Cómo así?

S: Estás armando un castillo y extrañas la cabaña. Quieres galopar y crees que para hacerlo has de producir, cuando galopando es lo que necesitas para llegar.

A: Qué hago?

S: Galopar, respira, llénate de fe que el espíritu se alimenta de verte correr.

A: Aún no entiendo. Qué con A&R?

S: Tu sueño hecho realidad; galopa, dale, ríe, vive, goza, arréglate, sé, ve y dale que es lo que querías, ahora a galopar!

A: Me confundes, galopo con la compañía?

S: Ahí estás, ahí llegaste ahora a galopar. Tu deseo hecho realidad, disfrútalo o para que lo soñaste? Agradece, vive y siente.

A: Y el sol, los atardeceres, la no preocupación y la paz?

S: Puedes obtenerlo ahí?

A: No creo, pero me gusta mi sueño.

S: Te gusta poseer y está bien bien, posee y vive o vives y posees?

A: Dices que no se viene a poseer.

S: Muy claro, sigue tu sueño, puede ser tu salvación, alimenta tu orgullo y tu ego.

A: Y todo lo demás? Puedo los dos?

S: Lo demás es todo, el amor, la libertad – vive, corre y sal a galopar.

A: Me gusta llegar a mi oficina, ser mi jefe, mi horario, mis decisiones y creaciones. Si, quiero mi trabajo y no me quitará libertad!

S: jajaja te costó llegar ahí! Si lo amas te va bien si lo posees es un objeto más. Irradia tu alegría y ponte a soñar que ahí galopando pronto llegarás.

A: I think I got you! Did I? (Creo que te entiendo! Entendí?)

S: Se feliz, haz tu sueño realidad, galopando, nadando y volando con el señor.

A: Y tú?

S: No hay otra, anclado a tu corazón contigo y en ti!

A: Gracias Dios!

GRACIAS DIOS

Gracias Dios porque tienes a mi hijo contigo. Su misión fue hecha y la mía por hacer. Somos parte de tu plan divino y no he de juzgar, dudar ni preguntar. Acepto tu voluntad con amor y dignidad, aún siendo ignorante y tratando de ser sin saberlo bien.

Mi hijo está en tu reino, ya nada me preocupa. Hágase tu voluntad así en el cielo como en la tierra. Viviré hasta que me llames a tu reino y allí recorreré los cielos con todos mis seres queridos que se fueron antes y los que llegarán después. Fluyo en las aguas de tu manantial sanas, puras y benignas. Me rindo ante ti ya que eres amor y eso es lo único que necesito.

DESPEDIDA

Quince meses después de que Sebastián volvió al reino de Dios, sigo viva. La pena de no tener a mi hijo no me mató, me hizo más fuerte. Me detuvo y me hizo pensar que el amor es todo y aún no lo soy.

El dolor de no verlo se ha convertido en nostalgia, su ausencia en costumbre y su amor en mi salvación. Mi niño adorado es un ser de luz, grandioso, perfecto y eso seré yo. Vivo el día a día, tratando de ser. Mi hijo me enseña y me cuesta aprender. Su energía está presente y yo necia sigo sin entender la magnitud de sus mensajes, la perfección de la creación de Dios.

Cada escrito es maravilloso, son puro amor. Sebastián es ese amor yo lo palpo mas no lo obtengo en plenitud. Mi hijo está en el cielo, que bendición! Dios gracias por tenerlo contigo y conmigo por medio del amor.

La vida continua y con ella los cambios. Mi hogar que siempre estuvo lleno de risas, juguetes, familiares y amigos, ahora es silencio. Mi hijo mayor se graduó de la universidad y ahora vive en su apartamento cerca a nuestra casa. Sebi, en el reino de Dios y mi pequeño Esteban vive en la universidad en Orlando. Las habitaciones de mi casa están vacías, mi esposo y yo ocupamos esta casa junto con 'Goyi', el gatito que apareció en nuestras vidas para acompañarnos sin pedir nada a cambio.

Hablamos con nuestros hijos casi a diario. Entre ellos, nuestro 'big-boy', Joey, quien reapareció en nuestras vidas, siendo hombre de bien. Nos bendijo con su retorno y con un nuestro primer nieto. Un hermoso bebé cuyo nombre es Sebastián. Nuestras vidas se llenan de ilusión con este nuevo ser de amor. Gracias Dios!

Mi sueño de abrir un centro educativo se hizo realidad. Dejé mi trabajo de muchos años y junto con mi amiga y socia comenzamos nuestro centro donde impartimos clases de idiomas y servicios de tutorías. Poco a poco las sillas se están llenando, me satisface ver los estudiantes llegar. Conseguimos el apartamento donde mi hermana Gloria vive, por fin la tengo cerca, era mi sueño, quizás no el de ella, pero aquí está.

La vida pasa y sigo en busca de la paz, pero ahora con un aliado poderoso, perfecto y divino; mi hijo Sebastián!

MENSAJE DE SEBASTIAN, PARA EL AMIGO LECTOR – 'VIVIR ES REIR MORIR ES NO SER'.

"El amor es lo único que existe el resto es invención. Vive con alegría Dios te dio la vida. Cada uno es un universo y el universo es uno. Todos ligados por medio de hilos dorados que nos conectan al corazón. Todo es Dios y es perfecto, benditos todos que vivimos en el reino terrenal para así volver al espiritual. Vivir es reír, morir es no ser.

La vida es tu regalo, destápalo y ponte a jugar. El jardín del creador es bello, solemne, prodigioso. Reinemos y disfrutemos de su creación, es la más bella obra de arte, perfecta como tú!

Bendiciones y amor; eso es todo. Lo demás es dado".

ORACION

Señor, en tus manos está toda mi vida, tu sabes lo que añoro y lo que debo obtener. Todo te lo entrego, me libero de toda angustia, pena y dolor. Se que vine a vivir un plan divino y no tengo nada porque temer, tu reino es fabuloso y perfecto como la tierra. Soy tu hija y todo lo que necesito me será dado, solo debo confiar en tu gracia, Todo Creador. Soy un ser de amor y este es el que ha de triunfar. Vivo en paz y en armonía con la naturaleza y todos mis semejantes. Todo me será dado, solo necesito la fe. Me libero entregándotelo todo. Solo vine a amar y no poseer. Mis sueños son sueños, los he de vivir en armonía. Voy con la corriente no contra ella, fluyo en las aguas de tu manantial, puras, sanas y benignas. La paz espiritual la obtengo a través de ti. Tienes mi hijo contigo y pronto seré digna de entrar a tu reino. En la tierra sueño porque me diste vida, mi misión, creer en tu bondad y liberarme de todo mal entregándote todo a ti sabiendo que eres solo bondad. Gracias por recibir mis penas y debilidades para vivir en paz. La tierra es mi hogar temporal, pronto volveré a ti. Te entrego todos mis temores para que los disuelvas y reine el amor en mí. Vivo en la tierra y aquí reinaré, porque a eso vine: a reinar en el nombre de Dios: Amén!

FINAL

Imágenes para recordar a Sebastián.
Su familia su adoración, la música su vocación.

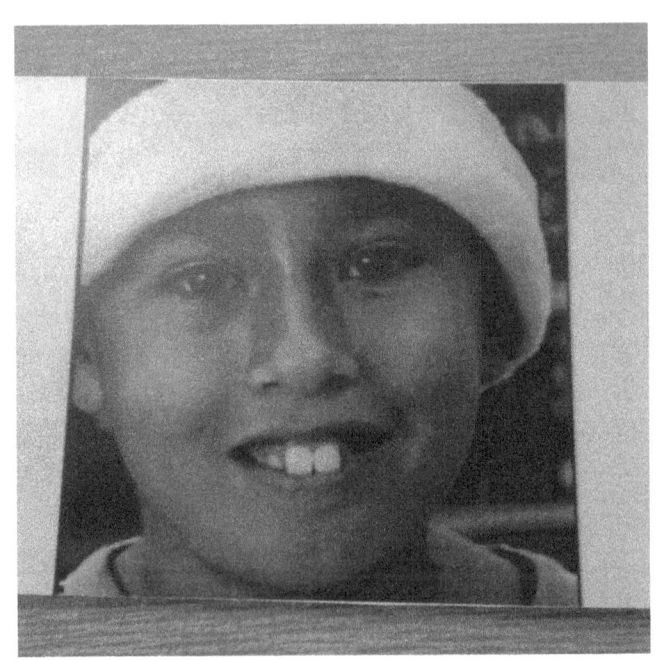

www.ingramcontent.com/pod-product-compliance
Lightning Source LLC
LaVergne TN
LVHW041540070426
835507LV00011B/833